U0513226

中国银行业协会
CHINA BANKING ASSOCIATION

中国银行业
理财业务发展报告

中国银行业协会理财业务专业委员会 / 编

2017
版

社会科学文献出版社
SOCIAL SCIENCES ACADEMIC PRESS (CHINA)

编委会
指导组及编写组成员

指导组

组　长　谭　炯　潘光伟

副组长　黄润中　白瑞明　顾建纲　彭向东　宋福宁

　　　　　　刘兴华　金　旗　周　松　朱永利　琚泽钧

编写组

组　　长　白瑞明

副组长　乌　云　谢国旺

课题组成员　中国建设银行　李　军　张巍巍

　　　　　　　　　　　　　　　钱文彬　何毓海

　　　　　　　　中国工商银行　赵柏功　彭张洋

　　　　　　　　中国农业银行　沈润涛　李　立

　　　　　　　　中国银行　吴金梅　李　哲

　　　　　　　　交通银行　徐　竑　马　静

招商银行　魏　青　刘菲晖　杜　雯

浙商银行　王森淼

北京银行　王　赓

课题协调人 中国银行业协会

仲泊舟　刘铮铮　马玉铭　王　颖　袁　帅

前　言

2016 年，在全球经济仍维持艰难复苏，中国经济面临下行压力的市场环境下，银行理财面对内外部环境的复杂变化，不仅规模实现了增长，而且在组织架构、产品创新、风险控制等方面都取得了长足的进步。截至 2016 年末，银行理财发行机构已增加至 523 家，银行理财凭借产品销售渠道、客户资源、非标投资等方面较强的优势，以 25% 占比成为大资管行业的重要组成部分；并且理财资金在支持实体经济发展的同时，也为投资者实现了资产的保值增值。

为全面展示 2016 年中国银行业在理财业务服务方面所取得的显著成效，中国银行业协会理财业务专业委员会编著了《中国银行业理财业务发展报告（2017 版）》（以下简称《报告》）。《报告》从总体发展情况、产品开发情况、业务治理情况、同业合作情况、社会经济效益、相关监管政策、问题与改进和理财评价八个方面，系统梳理总结了 2016 年中国银行业理财业务发展所取得的成绩，深刻剖析了面临的挑战和问题，并展望了未来银行理财业务发展方向和趋势。

——总体发展，银行理财产品规模保持增长但增速放缓，业务结构持续优化。

2016 年末银行理财产品余额 29.05 万亿元，同比增长 23.63%，规模增速有所减缓，已从高速发展期，逐步进入低速增长的新常态，银行理财的业务结构也在持续优化。从资金来源来看，个人投资者仍是银行理财产品的投资主体，全年总募集资金接近80万亿元，占比接近50%，私人银行客户占比仍然保持较低水平；同时机构投资者全年总募集资金额接近70万亿元；银行理财产品中低评级为主的特点与我国银行理财投资者的结构相匹配；股份制银行以42.17%的理财规模占比继续领跑银行业。从资金运用情况来看，银行理财坚持服务实体经济的宗旨，助力解决企业"融资难""融资贵"问题，近七成理财资金通过配置非标资产和债券等资产支持实体经济发展，有效推动企业融资成本的不断下降。2016年，银行业理财业务收入占中间业务收入的比重超过16%，已成为商业银行中间业务的重要组成部分，有效促进了商业银行的转型发展。

——产品开发，以客户需求和监管政策为导向研发产品，满足客户多元化需求。

银行理财坚持以客户需求为中心，以监管政策为导向，继续丰富非保本型理财产品体系，加大外币型理财产品的研发力度，稳步推进净值型产品的发展，在满足客户财富保值增值需求的同时，推动理财回归"代客理财"本源。2016年末非保本浮动收益类理财产品余额为23.11万亿元，占比为79.55%，较2015年底上升5.38个百分点。外币型理财产品余额2.26万亿元，较2015年底增长1241亿元，增长幅度为5.81%。净值型理财产品市场占比9.37%的增速，高于2016年全市场银行理财发行数量7.27%的增速。在高收益资产日益稀缺的背景下，银行理财适时调整资产配置策略，在有效支持实体经济发展和风险可控的原则下，推进非标资产投资，服务国家重点战略项目的实施以及供给侧结构性改革。根据不同客群加快推出主题创新、投向创新、兑付创新等一系列特色创新型产品，满足投资者更加多元化、差异化的产品需求，产品竞争力持续提升。

——业务治理，探索理财管理体系改革，完善全面风险管理体系，提高风险管理能力。

银行业金融机构加快理财业务管理体系改革探索，通过强化 IT 系统升级，逐步提升理财业务管理精细化水平；通过强化同业合作，提升银行理财资产配置专业能力；通过积极拓展海外市场，为投融资客户提供更加多元化、差异化的金融服务。同时积极推进建立全面风险管理体系，强化流动性风险、信用风险、市场风险等核心风险的管理。严格贯彻落实监管要求，建立健全内控合规体系，强化合规经营意识，加强操作风险管控。同时，中国银行业协会理财业务专业委员会通过构建长效理财评价自律机制、发布《中国银行业理财业务发展报告》、开展全国杰出财富管理师评选活动等举措，强化行业自律，推动理财业务规范健康发展。

——同业合作，发挥非银行金融机构专业优势，提高理财业务经营管理水平。

在高收益资产日益稀缺的环境下，银行理财通过与其他非银行金融机构合作开展资产配置成为一种现实、有效、必然的选择，并且随着资本市场的不断发展，合作模式也随之不断创新。截至 2016 年末，大资管行业的规模已经达到 116.18 万亿元，其中银行理财规模29.05 万亿元，占比为 25.00%，在各类机构中占比最高。同时银行与其他金融资管机构合作，通过优势互补，实现多策略跨界资产配置和资产交易的能力不断提升，跨市场、跨行业、跨品种的合作成为做大做强银行理财业务的必然选择。而且随着资本市场的不断发展，银行理财与其他非银行金融机构之间的合作模式也将随之不断创新。

——社会经济效益，**实现投资者资产保值增值，支持国家战略，履行社会责任。**

银行理财规模保持增长的同时，理财资金对于服务社会各阶层的力度也日益加强。2016年，银行理财践行普惠金融，为投资者实现投资收益9772.7亿元，同比增加了1121.7亿元，增幅12.97%；不仅增加了居民财富，并同大数据、互联网金融、绿色金融、养老金融等热门概念相结合，推出更加精细化的理财产品，以满足市场需求。同时理财资金通过参与国家重点产业基金，在国家"一带一路"建设、产业结构优化等方面均起到了重要的支持作用。通过非标资产或者并购债券的形式有效地支持企业并购重组，为实体经济提供重要资本力量，较好地落实了国家战略部署。同时，银行理财主动调整资金投向、拓展金融资源供给方式并强化风险管理，支持供给侧结构性改革，将理财资金投入重心与国家重点支持方向及民生领域相结合，积极履行社会责任，促进生态环境保护、支持绿色产业发展。

——监管政策，**促进银行理财业务持续稳健发展，进一步加强风险管控。**

2016年，中国人民银行将表外理财纳入MPA考核体系，有助于理财业务稳健发展和强化风险管控，同时其牵头制定《关于规范金融机构资产管理业务的指导意见（内审稿）》，全面规范资产管理行业发展；银监会制定《商业银行理财业务监督管理办法（征求意见稿）》，全面规范银行理财业务，针对银行理财业务管理运作模式提出了具体的要求；财政部、国税总局出台银行理财产品的税收政策，明确了银行理财业务涉及增值税的纳税行为的主体；中国国债登记公司发布《关于进一步明确理财投资信息登记要求的通知》，针对当前银行业理财业务在信息登记方面存在的问题进行了规范，进一步提高银行理财业务信息登记质量。长期来看，一系列的监管措施的出台使得商业银行理财业务更加注重发展的质量，重视业务中蕴含的各种风险，避免拼规模、加杠杆的粗放式管理模式。

——直面问题与挑战，不断完善经营模式和发展理念，促进理财业务转型发展。

过去十多年中，银行理财业务迅速发展，已经成为商业银行重点创新发展战略和经营转型方向。同时，在其高速发展过程中，不可避免地存在配套的政策、制度、体系等建设速度滞后于业务发展速度，法律主体地位亟待明确、投研能力不强、机构改革及业务转型、风险管理能力较弱等诸多挑战。面对各种挑战，各商业银行应以更加积极的心态去面对问题、解决问题，在此过程中，不断完善自身业务的经营模式、发展理念，不断提升银行理财业务的市场竞争力。2017年对于理财业务转型将是重要的一年，净值型理财产品将成为各商业银行争夺的焦点；净值型产品相对复杂的设计使得投资者教育需继续深化，短期内预期收益型产品仍然会是市场的主流。同时，银行理财也将寻求资产证券化、PPP等领域新的投资机会，委外投资模式将会进一步发展和成熟。

——理财评价，构建长效评价机制，引导银行理财业务规范可持续发展。

中国银行业协会理财业务专业委员会在连续两年开展银行理财产品发行机构评价的基础上，根据监管政策导向，结合银行理财业务发展实际，进一步修订并完善《银行理财产品发行机构评价体系》，并在全行业开展了2016年银行理财业务评价工作。共有包括国有银行、股份制银行、城商行、农商行、农信社和外资银行在内的228家银行机构参与理财评价。评价结果显示，2016年银行理财业务主动适应经济新常态，不断提升服务和创新能力，在服务实体经济和满足社会大众投资理财需求的同时，实现了稳步增长并成为商业银行经营转型的重要抓手。国有、股份制商业银行综合理财能力、产品创新和风控能力仍领先于行业；城商行、农商行实现了良好的投资收益，其产品在期限结构设置合理性方面取得较大进步；农商行在社会贡献度方面取得了一定程度的进展，服务实体经济的能力进一步提升；股份制商业银行、城商行发力净值型产品，理财业务转型能力进一步加强。另外，城商行、农商行加快转型步伐，综合理财能力进一步提高。

目　录

第二部分　产品开发情况

第三部分　业务治理情况

第四部分　同业合作情况

第五部分　社会经济效益

第六部分　相关监管政策

第七部分　问题与改进

第八部分　理财评价

附　录

第一部分　总体发展情况

2016 年，面对复杂的国际国内环境，银行理财积极推进银行业服务供给侧结构性改革，主动对接"一带一路"建设、京津冀协同发展、长江经济带、自贸试验区改革创新、东北老工业基地振兴等国家重大战略的实施，实现了理财产品规模和发行只数持续增长，业务结构持续优化，在满足实体经济日益多元化金融服务需求的同时，也推动了银行理财业务的转型发展。

一　理财规模

（一）理财规模持续增长，增速放缓

截至 2016 年底，银行理财产品余额达 29.05 万亿元，较上年增加 5.55 万亿元，同比增长 23.63%，较 2015 年末 56.15% 增速明显放缓。银行理财仍然是我国大资管行业的主导力量，市场占比约 25.04%（未剔除重复计算部分），如图 1-1 所示。

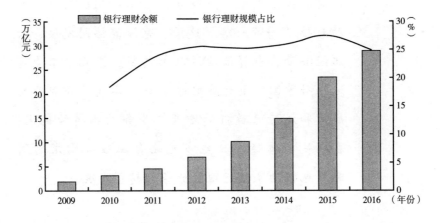

图 1-1　银行理财规模及其行业占比

资料来源：《中国银行业理财市场年度报告》。[①]

（二）产品发行数量增加，参与主体逐步扩大

2016 年，共有 523 家银行业金融机构共计发行理财产品 20.21

---

① 如无特别注明，数据均来源于《中国银行业理财市场年度报告》。

万只，较 2015 年增加 1.53 万只，同比增长 8.17%，如图 1-2 所示。理财产品发行机构占比已达到 21.43%，参与主体保持增长态势，银行业金融机构逐渐发力理财业务市场。

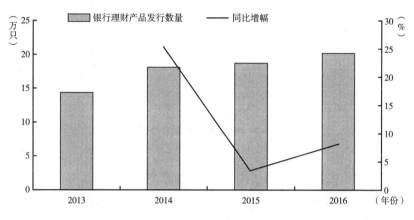

图 1-2　银行理财产品发行情况

（三）资金募集规模增加，呈低速增长新常态

2016 年，银行业金融机构累计募集理财资金 167.94 万亿元，同比增加 1.53 万亿元。募集规模增速从 2014 年的接近 60% 降至 2016 年的不到 10%，已从高速发展期，逐步进入低速增长的新常态，并且产品期限结构更趋合理，如图 1-3 所示。

（四）投资资产规模增长，标准资产占比持续提升

截至 2016 年底，银行理财产品投资各类资产余额达 29.14 万亿元，同比增长 23.2%。其中，债券、存款及货币市场工具投资仍为理财资金配置中最重要的方向，余额占比达 73.52%，其中债券资产配置比例为 43.76%，并以中高评级信用债为主。这种状况也是顺应监管要求，有效把控风险，适合理财产品风险偏好的重要选择，如图 1-4 所示。

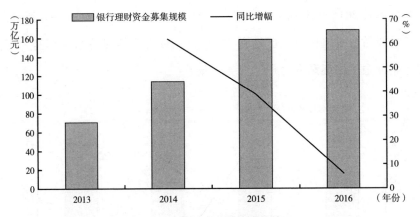

图 1-3　银行理财募集资金情况

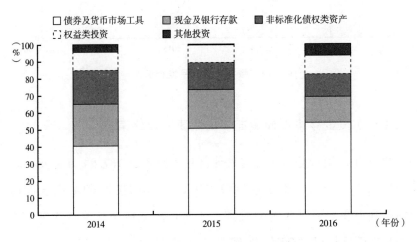

图 1-4　银行理财资产配置情况

二　理财结构

（一）机构客户投资规模增长较快

个人投资者仍是银行理财产品的投资主体，机构客户理财业务发展较快，私人银行客户占比仍然处于较低水平。2016 年，银行理财产品通过个人投资者募集资金近 80 万亿元，占全部募集资金的比重接近 50%。通过机构投资者募集资金近 70 万亿元，占全部募集资金的比重超过 40%，其中银行同业类理财产品 6 万亿元；私人银行类理财产品余额超过 2 万亿元，占比不足 7%，如图 1 - 5 所示。

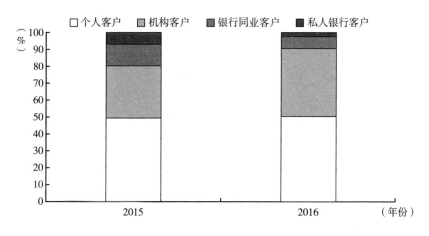

图 1 - 5　银行理财产品投资者结构

近年来，在较为宽松的货币政策环境下，银行低成本资金与理财产品之间具有较大的利差，同业存单规模不断增加，并且其成本在低位徘徊，成为推动同业理财业务迅速发展的重要动力之一。截至 2016 年末，同业存单余额超过 2.8 万亿元，年化平均利率保持在 3.4% 以下，年内一度在 3.0% 以下，这为银行提供了大量的低成本资金，从而直接或者间接地推动银行同业理财规模的增长，如图 1 - 6 所示。

（二）理财产品期限结构日趋稳定

从银行理财产品募集资金的角度来看，2016 年，期限在一年以内的理财产品募集资金占比达 90%。开放式产品较为灵活的申赎特

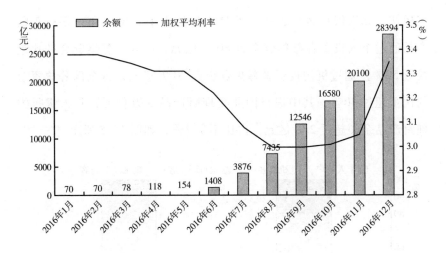

图1-6 同业存单发行规模及价格

资料来源：Wind资讯。

性，为投资者的资金管理提供更加便利的工具。

从银行理财产品余额的期限来看，2016年，超过六成的理财产品期限在6个月以内；6~12个月（含）的银行理财产品余额占比超过26%；1年以上的银行理财产品余额占比接近10%，如图1-7所示。

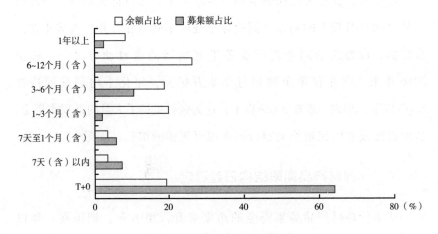

图1-7 银行理财产品期限

（三）产品以中低评级为主，满足客户风险偏好

银行理财产品风险评级以中低评级为主，与银行理财产品投资者以个人投资者为主体的低风险偏好体系相匹配。2016年，低风险（二级及以下）理财产品发行规模137.63万亿元，占比81.96%，较2015年下降4.39个百分点；中等风险理财产品发行规模29.81万亿元，占比17.75%，较2015年增加4.65个百分点；高风险理财产品发行规模0.49万亿元，占比0.29%，较2015年下降0.26个百分点，如图1-8所示。

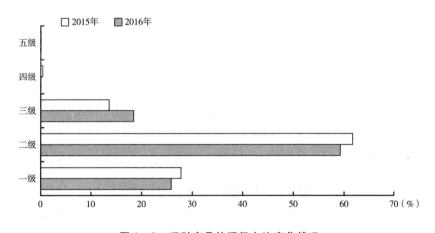

图1-8　理财产品的评级占比变化情况

（四）股份制银行理财规模占比继续领跑

股份制商业银行发行理财产品的规模成为银行理财产品发行主体中占比最高的。截至2016年末，国有大型商业银行理财产品余额9.43万亿元，同比增长8.77%，市场占比32.46%，较上年末下降4.43个百分点；股份制商业银行理财产品余额12.25万亿元，同比

增长 23.61%，市场占比 42.17%，与上年末持平；城市商业银行理财产品余额 4.4 万亿元，同比增长 43.32%，市场占比 15.15%，较上年末增加 2.09 个百分点；其他商业银行理财产品余额 2.97 万亿元，同比增长 60.54%，市场占比 10.22%，较上年末增加 2.35 个百分点。国有大型商业银行理财产品余额占比持续下降，城市商业银行和其他商业银行理财产品余额的占比保持增加态势，如图 1-9 所示。

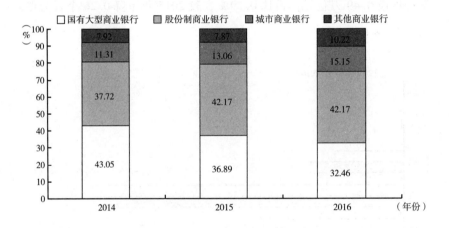

图 1-9　银行理财产品发行机构结构

注：国有大型商业银行指中国工商银行、中国农业银行、中国银行、中国建设银行和交通银行。

股份制商业银行含中信银行、光大银行、华夏银行、民生银行、招商银行、兴业银行、广发银行、平安银行、浦发银行、恒丰银行、浙商银行和渤海银行。

三　业务发展成效

2016 年，在国内产业结构调整、供给侧结构性改革进一步深入，经济仍在艰难转型的复杂市场环境下，银行理财业务通过不断调整资产配置策略等方式，在服务实体经济、降低企业融资成本的同时，推动银行业转型发展。

（一）近七成理财资金支持实体经济发展

银行理财业务通过配置非标资产、债券等方式直接或间接地支持实体经济发展，截至 2016 年末，银行理财资金通过配置债券、非标准化债权类资产、权益类资产等方式为实体经济提供融资 19.65 万亿元，占比达到 67.41%，较上年末增加 3.77 万亿元，同比增长 23.75%。

银行理财资金通过各种创新形式主动对接国家战略，服务"一带一路"建设、西部大开发、老工业基地振兴、"三去一降一补"等重大战略实施，为实体经济转型升级持续提供针对性强、附加值高的金融服务。

银行理财业务支持实体经济发展

银行理财业务坚持服务实体经济的宗旨，合理配置短期融资券、中期票据、私募债、ABS 等债券，直接融资工具、货币市场工具、权益类资产、非标资产等各类资产，通过理财业务的运作形式，引导客户资金流向实体经济，既满足理财客户投资需求，又助力企业运营资金的筹集，形成正向的社会效益。

在理财资金投向上，各商业银行理财业务投资领域包括民生工程领域，如棚户房改造、园区厂房升级改造；政府公益性事业领域，如污水处理、供水供电供热；消费服务领域，如汽车租赁服务等。在投资资产形式的选择上，注重参与上市公司、大型企业发行的债券；通过投向非标资产的形式，如开展股票质押式回购，满足本土企业的融资需求；通过参与投资资产证券化资产，帮助企业盘活资产，提高资金利用效率。

（二）有效推动企业融资成本不断下降

理财产品收益率的下降意味着资产收益率的下降，从非标资产和债券的角度来说，融资客户成本的不断下降，对于解决企业客户面临的"融资贵"问题具有积极的推动作用。

2016 年，银行理财产品共计兑付 19.22 万只，为投资者实现收益 9772.7 亿元，同比增加 1121.7 亿元，同比增长 12.97%。从 2016 年度来看，封闭式理财产品按照募集金额加权平均兑付客户的年化收益率为 3.79%，较 2015 年下降 0.9 个百分点，理财产品收益率呈现下降趋势，如图 1－10 所示。

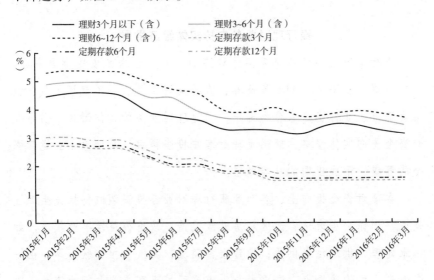

图 1－10　2015 年初以来理财产品价格波动情况

资料来源：Wind 资讯。

（三）理财业务推动商业银行转型发展

理财业务越来越成为商业银行转型发展的重要推动力量，在资产、负债两端对银行转型产生积极的促进作用，尤其是表外理财业务的发展更是推动商业银行盈利模式、资本集约化管理转型的重要动力。

理财业务作为商业银行重点创新发展的战略领域，发展稳健、前景广阔，营业贡献持续提升。2016 年，银行业理财业务收入占中间业务收入的比重超过 16%，而国有银行理财业务收入占中间业务收入的比重连续三年超过 27%。理财业务已成为商业银行中间业务的重要组成部分，有效地促进了商业银行的转型，为优化商业银行收入结构做出了重要贡献。

第二部分　产品开发情况

2016 年，商业银行坚持以客户为中心，以监管政策为导向，以服务实体经济为基础，积极应对市场变化和投资者多元化需求，加大产品研发力度，不断丰富非保本理财产品体系，从产品期限、兑付形式、资产配置范围等方面持续进行产品创新，并稳步推动净值型理财产品的发展，在满足客户投资理财需求的同时，加快推动银行理财回归资产管理本源。

一　产品研发

2016 年，商业银行理财业务创新一贯秉承以最大限度满足客户需求为核心，不断在产品服务对象、产品销售渠道、资产配置模式等方面持续加大产品创新的力度，为不同类型、不同风险偏好的投资者提供更加多元化的理财产品。

（一）以客户需求及风险偏好变化研发产品

2016 年，各商业银行充分利用银行客户群体广泛的优势，深度分析客户的理财需求与风险偏好，围绕客户需求及风险偏好变化研发设计相应的理财产品。同时，在理财产品推出后，针对市场反响、客户评价等信息，银行综合自身资产配置情况以及宏观经济形势和监管政策的变化，不断对理财产品从销售到赎回过程中的相关服务进行改进和规范。通过与客户不断的沟通，对理财市场不断加深了解，2016 年在市场竞争越发激烈的背景下，整个行业产品规模实现了稳定增长，客户满意度不断提高。

一是理财产品研发从客户便捷化角度出发，产品创新围绕产品特性和产品服务发力，持续提高客户满意度。

中国农业银行为优化客户体验，全面开通理财产品 7×24 小时申赎功能，持续对相关功能进行优化，极大改善了客户体验；光大银行研发了现金管理类产品"活期盈"，为客户提供兼具安全性、流动性和收益性的理财产品，"活期盈"能实现 T+0 起息，赎回本金实时到账，满足了客户现金管理和保值增值的需求。

二是理财产品研发从满足客户特定需求角度出发，研发符合不同理财客户需求的专属理财产品。

中国建设银行陆续推出多个针对性较强的产品：为优质代工客户推出"薪享通代工专享"产品；为新客户推出"新人专享"产品；为老客户推出"资深客户专享"产品。华夏银行针对新开卡客户、代发工资客户、ETC 客户等特定客户群体，相继推出了"新盈"、"家和盈"、"增薪盈"、"车盈"、"享盈"和"升盈"6 个专属系列产品。

（二）以监管政策导向及市场需求研发产品

2016 年，各商业银行贯彻落实监管引导理财业务规范化、可持续发展的政策导向，并借此推动银行理财产品转型，推进理财投资向精细化、专业化管理方向发展，使银行理财真正回归"受人之托、代客理财"的资产管理本源。包括招商银行、建设银行在内的多家商业银行纷纷根据监管导向及市场实际需求，积极研发净值型产品，同时面向高净值客户、私人银行客户研发设计专属理财产品，引导投资者提高风险识别能力和风险承担意识，推动银行理财业务转型发展。

招商银行推出金颐养老系列净值型理财产品

养老服务业既是涉及亿万群众福祉的民生事业，也是具有巨大发展潜力的朝阳产业。我国人口老龄化的趋势发展加速、不可逆转，不断推动养老服务产业发展，催生养老金融的新需求。尽管如此，我国养老产业仍面临供给结构不尽合理、市场潜力未充分释放、服务质量有待提高等问题。

招商银行推出"金颐养老"系列净值型理财产品，该产品资金投资风格稳健，风险控制措施完善，主要面向具有长期稳健型投资需求的老年客户，本金保障度较高，且产品提供每月分红以满足老年客户日常养老支出的现金流需求。

（三）以服务实体经济发展现状为基础研发产品

2016 年，在宏观经济不确定性等多重因素影响下，社会资金对配置安全、优质资产的需求激增，导致短期内此类资产供给无法满足资金需求。银行理财面临着"资产荒"的局面，投资收益率持续下行，理财业务盈利空间面临持续收窄的挑战。各商业银行积极适应市场环境变化，以宏观经济形势为基础调整定价策略。整体来看，各银行由投资端收益驱动理财产品定价，产品研发更加灵活，产品结构日趋合理。同时，以支持实体经济发展为基础加大产品研发，通过发售产品积极参与 PPP 项目、"一带一路"建设、企业并购重组等，多措并举，为实体经济的发展做出突出贡献。

邮储银行理财资金参与产业基金

邮储银行以先进制造产业为投资重点，参与投资中广核三期产业基金、国华军民融合产业基金、中关村并购母基金、邮储华大生命产业基金、中央企业国创引导基金和国兴国投产业基金等，邮储银行的理财资金目前投资的产业基金，以高端装备制造、清洁能源、新一代信息技术、新能源汽车等战略性新兴产业和生物医药行业龙头、国企混改等方面为重点方向。

支持配合政府主导产业基金。参与支持政府主导的产业基金也是参与的一种重要模式。产业基金成为地方政府融资的重要选择之一，这一模式改变了以往财政资金直接注资、贷款贴息、担保补贴等方式。政府主导的产业基金模式大有可为，展现出向市场化产业升级的路径，能够更好地吸引社会资本参与。

二 产品转型

2016年，各商业银行顺应监管要求，积极谋求转型，继续紧跟投资者需求变化，调整产品形态，回归"卖者有责、买者自负"的代客理财业务本质，产品转型和创新驱动已经成为现代商业银行理财业务发展的新常态。

（一）产品结构

1. 非保本理财产品占比持续上升

2016年，在监管趋严的背景下，银行理财致力于打破刚性兑付，实现了连续三年非保本型理财产品规模占比的持续提升。非保本型理财产品规模从2014年的10.12万亿元增至2016年末的23.11万亿元，占比从2014年末的67%增至2016年末的接近80%，如图2-1所示。

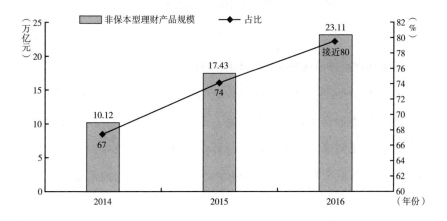

图2-1 非保本型理财产品的规模及占比

2.净值型产品发行数量持续增长

发行净值型产品面临产品估值、风险计量、投资者偏好等诸多问题，各家银行纷纷创新，设计开发符合当前市场情况的净值型、半净值型产品，发行数量持续增长，但增速缓慢。2016年全年共发行了829只净值型理财产品，市场占比0.58%，同比增速9.37%，高于2016年全市场银行理财产品发行数量7.27%的增速。在发行银行机构数量和产品发行量方面，净值型产品仍有很大的发展空间（见图2-2）。

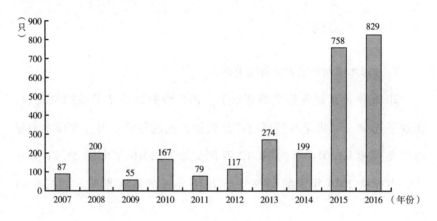

图2-2 近年净值型理财产品发行数量情况

资料来源：普益标准。

3.外币理财产品成为银行理财业务增长点

随着我国经济实力日益强盛，资本市场也逐渐融入国际金融市场中。国内投资者在人数上升的同时，对配置海外资产、投资外汇资产的热情也日益高涨。近年来，银行外汇理财业务借助人民币汇率形成机制改革及外汇市场逐步开放的东风，已逐渐成为国内商业银行的业务增长点。2016年全年共发行1719只外币理财产品，较2015年增加380只，占全市场理财产品发行数量的比例为1.2%。

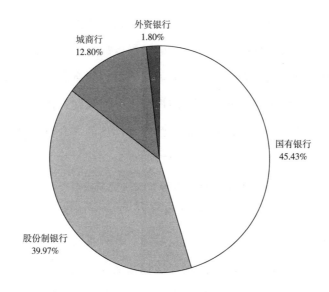

图 2 - 3　2016 年外币理财产品发行主体占比情况

（二）资产配置

1. 非标资产配置比例持续下降

各家商业银行积极响应监管要求，加强非标资产的管理，严格控制非标资产的增长。截至 2016 年末，非标资产投资占比为 17.49%，非标资产占比呈持续下降态势。而由于非标资产存在信息披露不及时、不全面，估值、流动性不透明等问题，给银行理财业务流动性风险管理等带来了很大的挑战，各商业银行在其资产配置结构中，在有效支持实体经济发展和风险可控的原则下，谨慎推进非标资产投资，服务于国家重点战略项目的实施以及供给侧结构性改革的需要。

2. 以加大标准资产配置推动理财业务稳健发展

2016 年，各商业银行积极贯彻落实监管要求，不断优化银行理财业务资产配置结构，通过加大标准资产配置力度，推动净值型理财产品的研发，充分发挥标准资产在信息披露、估值、风险管理等方面的优势，推动银行理财业务持续稳健发展。标准资产的信息披露和合理估值对于完善投资者教育、促进理财产品创新有着非常积极的推动作用。同时，标准资产配置比例的提升也是商业银行投资交易能力不断提升的体现，尤其是债券类资产的配置比例的提升更加凸显投资研究、投资交易的能力建设方面所取得的成果。

3. 权益类、海外投资、委外投资等新兴投资渐成常态

2016年，各商业银行理财业务投资范围更加多元，并从全球大类资产配置的角度，分别加大了权益类、海外投资的力度。在权益类资产配置方面，各商业银行积极开展包括港股、定向增发、新股申购等在内的各项新型权益类资产投资，例如，华夏银行进一步扩展权益类投资领域，推出了上市公司"投、融、顾、信"一体化金融服务方案，结合投融资产品为企业战略并购整合及重组提供全方位金融服务。整体来看，权益类、海外投资以及委外投资在银行理财业务抵御宏观经济下行、应对收益空间缩窄过程中起到了关键作用。

（三）竞争能力

1. 完善产品体系，提高客户覆盖度

2016年，各商业银行继续完善以客户需求为导向的产品体系，丰富优势产品品种，为投资者提供更加多元化、差异化的产品，提升银行理财业务的产品覆盖度，切实将普惠金融扎实落地，进一步强化了银行理财在大资管行业的优势地位。

2. 理财产品收益率稳定且波动性小

各商业银行理财产品多数属于风险偏好较低的产品类型，比较适合我国现阶段投资者群体结构的特点，产品收益率保持稳定，并且较存款利率高，对广大投资者构成有效吸引力，同时，收益率曲线波动幅度比较小，是我国现阶段普通大众客户投资的重要选择。

3. 理财产品满足大众客户理财需求

各商业银行均有着广泛而深厚的客户基础，在广大客户心中已经形成良好的品牌形象。通过不断创新满足各类投资者的金融服务需求，商业银行继续保持和提升在渠道方面的资源优势，受到广大投资者及社会各界广泛认可，产品竞争力持续提升。

三　产品创新

在大资管行业竞争加剧的背景下，产品创新已成为银行理财业务的关键词，各商业银行根据不同客户群加快推出主题创新、投向创新、兑付创新等一系列特色创新型产品，以促进银行理财差异化发展。

（一）主题创新型理财产品

主题创新型理财产品是面向特定群体销售的理财产品，通常在收益率方面会有较大优势。比如乌鲁木齐银行研发燃气卡专享理财产品，针对拥有燃气卡并且已激活金融功能的客户；南京银行则面向教师客户群体发行特供理财产品；建设银行发行的"乐享新西兰"理财产品，使客户在获得理财收益的同时可获得新西兰的永久居住权；江苏银行的公益理财产品；农业银行挂钩相关期货商品价格的理财产品等。

农业银行首创"挂钩白糖"理财产品

2016年6月，农业银行广西分行独家成功发售首只白糖期货价格挂钩结构化理财产品，主要面向糖业企业等企业客户。此款产品是行业内首创的挂钩农产品期货价格的理财产品，旨在适应经济发展新常态，满足广西地区客户多元化金融服务需求。该理财产品收益与郑州商品交易所白糖收盘价挂钩，根据白糖期货价格走势不同，购买该理财产品的客户可获取白糖期货价格上涨带来的高收益或保底收益。对于糖业企业而言，结合自身生产实际情况和对白糖价格的预期合理购买该理财产品，可有效提高资金使用效率，实现资金效益最大化。

（二）投向创新型理财产品

投向创新型理财产品是通过较为特别的投向，如投向资本市场、"一带一路"建设、京津冀协调发展、长江经济带、"中国制造2025"等国家重大战略和实体经济转型的重点领域，吸引投资者。比如招商银行推出"投融通"业务，服务范围可覆盖上市公司转型成长的多个阶段；东莞银行则推出了主要投向与特定交易对手的特定艺术品收益权，并要求特定交易对手将相应艺术品质押给该行，设定产品运作结束后由特定交易对手对收益权进行溢价回购。这类特定投向产品虽然发行量不大，但能极大丰富银行的产品线。

民生银行宣纸理财产品

宣纸理财产品是民生银行非凡资产管理消费品系列的第一个产品。该产品面向零售贵宾客户发售，募集资金投资于定向资管计划。创新性地赋予客户购买商品的选择权。对于购买该理财产品的客户而言，在参与宣纸这一高端消费商品投资的同时，附属相应商品选择权——该产品投资客户在理财产品存续期内，有权以优惠价格在指定渠道购买一定额度内的高端精品宣纸；创新性地帮助融资企业宣传品牌。对于生产企业而言，实现快速融资的同时，宣传了产品品牌，提升了实际销量；该产品打破以往理财产品单纯的金融属性，积极运用国家政策，以非凡资管计划为纽带，打通生产客户（融资客户）和消费客户（投资者）的联系渠道，收到了服务实体经济的效果。

（三）兑付创新型理财产品

兑付创新型理财产品是通过特定方式进行兑付的理财产品。这类产品所兑付的内容对于目标客户群通常有较大的吸引力，因此在兑付内容设计时应选择大多数投资者感兴趣的内容。比如浦发银行研发的以特定手机作为实物收益的"先机理财"计划。

浦发银行"同享盈之先机理财"计划

同享盈之先机理财计划（以下简称"先机理财计划"）是浦发银行与中国移动进行跨界战略合作，整合双方优势资源创新设计、推出的实物支付型理财产品。该产品将客户购买理财产品的预期现金收益全部转变为中国移动提供的手机、话费、流量等实物收益，且相应实物收益于产品成立后约定时间内提前兑付给客户，产品到期后返还客户本金。

先机理财计划精选市场热门且稀缺的手机（如华为 P9 及 iPhone7 plus）作为理财收益，并得到中国移动的资源支持，能在手机尚未普及市场前为客户抢先供货，极大提高了理财产品的市场吸引力。同时，实物收益在理财产品成立后即可提前兑付，实现客户收益的保值增值。

第三部分　业务治理情况

2016 年，各商业银行理财业务进一步落实相关监管制度要求，不断探索适合自身特点的理财业务治理模式与风险管理体系，通过深入研究自身发展特点、经营目标、客户类型等，有的放矢地搭建适合自身发展的体制机制，构建更加全面的理财业务风险管理体系，银行理财业务风险管理水平得到进一步提升。

一　理财业务管理体系改革探索

2016年，各家商业银行在延续前期事业部、子公司设立等改革尝试下，更多地从业务的角度，根据市场变化进行业务条线的扩充。针对迅速发展的委外业务及资本市场类业务，部分银行建立了独立的管理部门和风控体系。

（一）推进系统升级，提升管理水平

随着银行理财业务的不断发展，无论从交易角度还是从风险控制角度，对于 IT 系统的要求都越来越高，加之监管对于理财业务的风险控制、估值、交易控制等不断提出更高的要求，促使各商业银行纷纷进行系统的升级改造。通过 IT 系统有效落实独立运作、单独建账、单独核算、风险控制等要求，通过外包或自主开发等方式对银行理财业务系统进行改造、升级、优化，风险控制和业务管理水平进一步提升。

（二）加强联动合作，提升专业能力

各商业银行在大力推进理财业务转型过程中，积极与其他非银行金融机构在资产管理业务上进行联动、合作。如大型商业银行在充分利用各自综合化经营平台的基础上，不断拓展与非银行金融机构的合作范围、合作领域、合作深度，在积极拓展银行理财业务资产配置领域的同时，通过与外部机构的合作，各商业银行培育和提升自身在理财业务资产配置领域的主动管理能力。

（三）拓展海外业务，对接国际市场

随着人民币国际化进程的不断深化，中国"走出去"企业不断增多，各商业银行加大推动理财业务国际化的步伐，以满足投资者资产配置日益多元化的需要，以及银行理财大类资产配置、风险分散管理的需要。例如，中国银行利用自身在海外的渠道和品牌优势，先后以香港和卢森堡为依托，设立亚洲资产管理交易平台和欧洲资产管理交易平台，打造完整的海外资产管理平台，通过尝试发行 UCITS、SIF 基金，结构化票据等境外认知度较高的产品，打开国际市场。

二 推进建立全面风险管理体系

2016 年，银行理财业务面临国际市场"黑天鹅"事件频发、国内外经济发展仍然存在较大的不确定性，汇率市场、债券市场、股票市场等金融市场波动加剧等日益复杂的市场环境，其业务风险管理面临巨大的挑战，需要各商业银行加快推进建设全面的风险管理体系。

（一）风险管理面临巨大挑战

2016 年，在国内实体经济去产能、股票市场熔断、债券市场风险暴露、人民币汇率贬值、国际重大经济政治事件等因素的影响下，银行理财业务的风险管理面临巨大挑战。

1. 货币市场

2016 年，货币市场利率波动放大，全年资金利率维持低位，各类资产收益率较低，但年末随着宏观环境变化，公开市场操作有明显的转向迹象，银行间市场也遭遇了多重突发事件冲击，导致债券利率上行，理财业务的盈利空间加剧收窄。

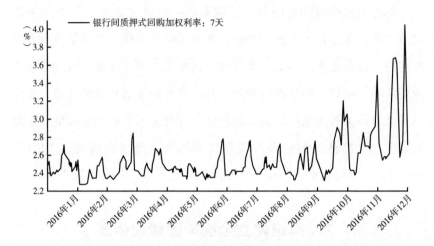

图 3 - 1　货币市场利率波动明显放大

资料来源：Wind 资讯。

2. 债券市场

2016 年，债券市场经历了跌宕起伏的行情，前三季度债市整体延续了 2014 年以来的牛市，但第四季度以来，受美国国债收益率大幅上涨、人民币贬值预期加剧、资金面持续紧张等多重因素影响，债券市场出现了大幅调整，尤其是信用债收益率大幅上升，短端产品收益率上行幅度高于长端产品，且信用利差快速扩大（见图 2）。

3. 股票市场

2016 年 A 股呈现先抑后扬、震荡分化的特点。整体走势先抑后扬，年初熔断机制推出后市场下跌之后震荡上涨，全年上证指数下跌12.31%；但结构性机会也接连不断，尤其是大盘蓝筹股、周期股轮番表现。总体来看，全年股票市场下跌但仍存在结构性机会（见图 3）。

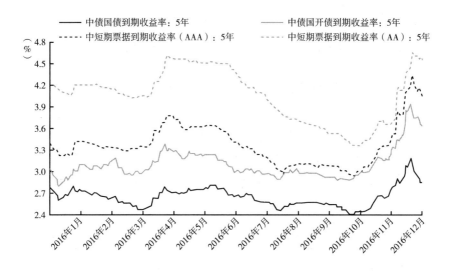

图 3-2 债券到期收益率走势

资料来源：Wind 资讯，中国债券信息网。

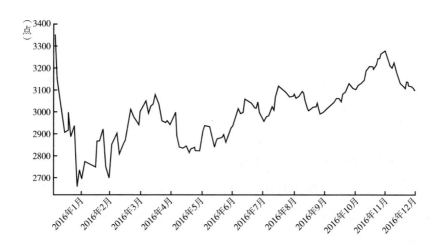

图 3-3 上证综指走势

资料来源：Wind 资讯。

银行凭借自身投资和风险管理的优势，为客户提供专业的金融服务。通过建立健全全面风险管理体系，优化客户经风险调整后的投资收益。其中流动性风险管理是理财业务的基础，市场风险管理是理财业务的核心竞争力，信用风险管理是理财业务的底线。

（二）搭建全面风险管理体系

各商业银行根据监管要求，不断完善制度体系，进一步完善风险管理机制。全资产经营要求银行理财业务实现全面风险管理，并且理财业务在资产端从货币、类信贷、债券向全资产经营转型，涵盖股权、债权、货币甚至商品的多样化市场，要求资产管理业务在守牢风险底线的基础上，全面提升资产管理业务风险管理水平。

1. 流动性风险管理

2016年，各商业银行结合银行理财产品申购赎回的特点和理财资金流动特性，进一步完善理财业务流动性风险管理的各项措施。

一是完善流动性风险内控体系。银行理财业务流动性风险管理服从全行统一流动性风险管理要求，严格控制产品与资产的期限错配程度。

二是实现系统化管理流动性。规范理财业务日常流动性管理工作；建立理财资金资产管理系统；实施动态化、精细化的流动性风险管理。

三是提高流动性管理的决策能力。在全行流动性偏好设定的前提下，提升对流动性的精准预判能力。

四是优化资产端流动性管理措施。强化资金价格的走势分析，合理安排资产负债结构，积极拓展流动性投资模式，提升资产交易的流动性。

五是合理统筹和安排负债端流动性。加强资产与负债的期限匹配等多项举措管理和监测负债端流动性。

六是加强日常监控和压力测试。通过每日监测、定期排查、重点检测等方式，完善流动性风险指标监测和计量。

2. **市场风险管理**

2016 年，银行理财业务通过发挥自身专业能力，整合行业丰富资源，对市场风险进行强化管理。

一是整合行业优质投研资源，强化银行理财业务市场风险的研判。紧密跟踪市场、关注全球宏观经济形势变化，尤其是投资标的相关的经济发展、政策法规、资金流向等影响投资市场变化的因素。

二是建立投资分散性体系，降低投资组合的市场风险。通过资产风险收益特征及相关性研究，设定单品种投资上限，并实现投资组合动态管理，预防市场风险。

三是强化投资交易的过程管理，完善市场风险运行管理机制。积极做好理财业务限额管理，提升市场风险专业管理能力；定期评估投资策略，强化交易过程的授权操作和交叉复核工作，定期进行风险分析。

四是定期进行压力测试，建立风险预警机制。设置严格的补仓、平仓机制，实行动态监控；通过资产配置策略调整、偏离度监控等方式，合理控制市场风险；同时定期开展压力测试。

五是通过市场化方法研究衍生品投资，提升产品收益，弱化投资风险。通过结构化开展量化对冲和套利，实现跨市场配置，反向配置对冲债券单边市场中的部分风险，通过期现、跨期、跨品种等套利机制增加收益。

3. **信用风险管理**

2016 年，各商业银行扎实开展信用风险的审查、评估、监控和报告工作，实现理财业务整体信用风险可控。

一是严格落实全行层面的授信管理制度。在严格遵守相关政策和授信管理体制的基础上，在理财业务的授权、风险政策及限额内稳健开展业务；从严控制信用风险，根据市场情况择优配置高信用评级债券。

二是持续完善信用风险管理机制。加强债券风险识别及管理能力，对内外部评级、风险分类等信息持续监测，及时调整客户分类名单，持续动态监控理财融资项目信用风险状况，对涉及的风险事件及时预警。

三是加强投前尽职调查。严格投前审查，综合利用评级、客户分类、发行债券、表内信贷等内外部信息，在充分了解实际风险承担者的资信情况的基础上，按照要求报送有权审批机构审批，确保资产质量稳定。

四是加强分类别投中管理。建立差异化管理模式：对于债券，定期跟踪发行体的财务状况和债券估值；对于同业存款、同业借款，坚持名单制管理；对于委托投资，跟踪管理人的投资情况；对于非标资产，落实投后管理责任。

五是做好投后风险跟踪和缓释。定期分析企业经营状况，建立适时对企业授信进行调整或退出等机制，强化信用风险的监督管理，推进重点风险客户的风险缓释工作，有针对性地采取化解措施，共同推进风险项目的处置工作。

（三）完善全面风险管理体系

流动性风险、市场风险和信用风险是金融业务的三大类风险，一直以来是全面风险管理过程中不可或缺的内容，随着理财业务的创新和发展，银行需要对全面风险管理体系进行升级，加强对银行理财业务的合规风险和操作风险的管理。2016年，面对复杂的经营环境，银行理财严格贯彻落实监管要求，积极开展合规风险管理，建立健全内控合规体系。

一是持续完善业务制度流程，强化合规行为，自觉维护良好金融秩序。银行理财业务持续完善制度标准流程管理，进一步提高内控管理的有效性；通过对重点业务、重点环节的严格检查，切实提高内控管理的针对性。

二是积极实施产品主动转型，多措并举回归资产管理本源。银行理财以"有利于提升服务实体经济的效率、有利于降低金融风险、有利于保护投资者合法权益"为原则，积极通过产品净值化转型等举措切实促进理财业务回归本源。

三是强化完善产品销售流程，切实保护投资者合法权益。银行在相关监管规定的指导下，严格落实"双录"要求，持续提高自身的合规销售水平，切实实现"将适合的产品卖给适合的客户，真正为客户创造价值和财富"。

四是加强合规文化建设，提高合规意识。银行作为客户资产的管理人，应当持续加强合规文化建设，培育良好的风险文化，自觉维护良好金融秩序，在全行业范围形成合规经营的氛围。

五是强化规范操作，打造标准化运营支持框架。全面梳理业务流程，推进理财业务各环节操作规范化、标准化；梳理风险控制要点和措施，实现操作风险管理的针对性、有效性；完善 IT 系统，实现操作风险的"机控"。

三 行业自律

2016 年，面对国内外经济金融形势的新挑战，中国银行业协会理财业务专业委员会积极发挥行业平台作用，围绕促进银行理财业务转型，进一步强化行业自律，引领银行业理财业务规范健康发展。

（一）构建长效自律机制，完善银行理财产品发行机构评价体系

根据新的形势发展要求，并结合理财业务实际，持续修订完善

《银行理财产品发行机构评价体系》，从商业银行综合理财能力、投资收益、产品创新、期限结构、社会贡献度、风控能力和净值型产品占比等多维度进行综合评价，并连续两年发布评价结果，引导行业进一步强化自律，提升产品创新和服务能力，为广大投资者了解银行理财提供了重要参考，促进银行理财业务向资产管理转型发展；连续四年发布《中国银行业理财业务发展报告》，从总体发展、产品开发、业务治理、同业合作、社会经济效益、相关监管政策、问题与改进和理财评价八个方面，系统梳理展现了银行理财在服务实体经济、增加居民财产性收入和推动银行业转型发展中取得的成效；组织召开理财业务专题研讨会，研究探讨利率市场化条件下银行理财产品规范、创新、协同发展之策，推动商业银行理财业务转型升级。

中国银行业协会文件

银协发[2016]29 号

关于开展银行理财业务行业评价工作的通知

各会员单位：

根据银监会关于开展理财业务行业评级工作的要求，为促进银行理财业务持续健康发展，中国银行业协会理财业务专业委员会（简称"委员会"）完成了《银行理财产品发行机构评价体系》和《银行理财产品发行机构评价体系调查问卷》的补充修订工作，并决定启动 2015 年银行理财业务行业评级工作，现就有关事项通知如下：

一、评价原则

评价工作遵循实事求是、客观公正、科学规范的原则，对理财业务进行客观的分析评价，并结合评价指标体系，严格评价标准和方法，确保评价工作的严谨性与科学性。

中国银行业协会文件

银协发[2016]85号

关于发布 2015 年商业银行理财产品发行机构及产品评价
结果的通知

各会员单位:

为落实银监会关于"银行业协会应积极建立银行理财参与机构评价机制,对开展理财业务的银行进行行业评级并定期对外公布"的要求,促进银行理财业务持续健康发展,按照《银行理财产品发行机构评价体系》,中国银行业协会理财业务专业委员会本着"公平、公开、公正"的原则,开展了 2015 年商业银行理财产品发行机构及产品评价工作,按照综合理财能力、投资收益、产品创新、期限结构、社会贡献度、风控能力和净值型产品转型七个维度进行了排序,并于 5 月 20 日在广州召开"2016 年两岸四地银行业财富管理论坛"发布评价结果。

图 3-4

（二）以财富管理师评选为抓手，促行业财富管理水平不断
提升

截至 2016 年，由中国银行业协会、香港银行学会和金融时报社
联合举办的"全国杰出财富管理师"评选活动已连续成功举办七届，
本届评选共有包括国有银行、股份制银行、城商行、农商行、农信社
和外资银行在内的 36 家机构 594 名银行从业人员参赛，参赛人数再
创历届新高。经过初选、复选和终选三轮评审和角逐，最终评选出
甲、乙、丙三个组别金、银、铜奖和初选、复选优异奖，共计 57 位
选手获奖。同时，本届评选还新增设了"最佳组织奖"，共 12 家机
构获得最佳组织奖。评选活动获得业界和社会的广泛认可，已成为业
内公认的最专业、权威的品牌。不仅对银行财富管理业务合规发展起
到了重要的推动作用，而且对倡导优秀的财富文化理念、树立行业财
富管理良好形象和推动财富管理服务水平提升具有重要的意义。

图 3 - 5

（三）搭建交流合作平台，推动银行资产管理业务持续健康发展

2016 年 5 月 20 日在广州举办以"供给侧结构性改革与财富管理转型发展"为主题的"两岸四地银行业财富管理论坛"，为内地、香港、澳门和台湾银行业财富管理人士搭建沟通交流平台，分享风险管理、投资者保护和财富管理转型发展的成功经验，深入探讨供给侧改革下银行理财面临的挑战和机遇，以及银行财富管理业务未来转型发展方向。论坛相关内容引起业内外高度关注和强烈反响，营造了良好的舆论氛围，促进了内地、香港、澳门和台湾财富管理机构间的深度交流，凝聚了共识和深化合作，为中国银行业财富管理业务的转型发展提供了有益借鉴。举办"顺大势、谋共赢——大资管时代下的保险资管与银行合作论坛"，为双方会员单位搭建沟通交流的平台，进一步促进双方以各自经营优势、资源优势，加强业务的深度合作，推动银行资产管理业务持续健康发展。

图 3 - 6

第四部分　同业合作情况

随着大资管时代的到来，各类金融机构在资产管理业务之间的合作越来越密切，发挥各自优势，加强业务合作成为未来一个时期内大资管发展的趋势之一。商业银行应发挥自身在投融资客户方面具有的较强优势，通过与其他非银行机构合作补齐大类资产配置方面存在的"短板"，共同促进大资管行业的深入发展。

一　同业合作是银行理财业务发展的必然

随着"大资管"时代的到来，各类型的金融机构结合自身优势大力发展资产管理业务，银行、信托公司、基金公司、证券公司、保险公司各自拥有不同的竞争优势，同时也存在竞争劣势，这为相互之间的合作提供了广阔的空间。

（一）大资管行业发展

截至 2016 年末，大资管行业的规模已经达到 116.18 万亿元，其中银行理财规模 29.05 万亿元，占比为 25.00%，在各类机构中占比最高；信托规模 20.22 万亿元，占比为 17.40%；保险公司资产规模 15.12 万亿元，占比为 13.01%；基金管理公司及其子公司、证券公司、期货公司、私募基金管理机构资产管理业务总规模约 51.79 万亿元，占比为 44.58%。

（二）优势与劣势

与银行理财业务相比较，其他各类非银行金融机构的资管业务既有差异化优势也存在各自的不足，银行理财业务与其他非银行金融机构之间，在取长补短、发挥各自优势的前提下，积极推动理财业务的同业合作。

1. 商业银行的特点

一是资产管理规模大，产品丰富，抗冲击能力强；二是依托分支机构，销售渠道强大；三是可借助银行整体风控，非标资产投资相较其他机构具备天然优势。相应地，与其他金融机构相比，商业银行也

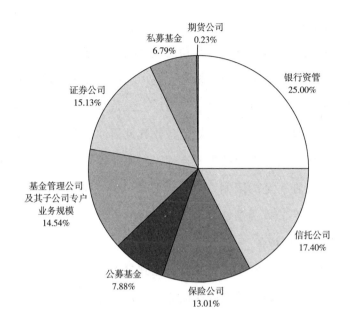

图 4 - 1　2016 年各类金融机构资管规模

资料来源：银监会、基金业协会、保险业协会、信托业协会。

存在一定的不足之处，主要集中在缺乏专业的投研能力、绩效激励难以做到市场化、刚性兑付尚未打破，审批时效常常跟不上市场变化速度等方面。

2. 信托公司的特点

一是牌照优势，可在经营范围项下进行各类资产的投资；二是信托机构开展业务历史较长，具备一定的经验优势；三是法律关系明晰，有较为完善的法律制度体系，在会计核算等方面均有较为明确的规定。与商业银行相比，信托公司的牌照优势正在逐渐削弱，因为商业银行正在逐步完善其综合化经营平台，为银行理财业务的深入发展奠定了基础；信托公司在产品销售渠道以及资产拓展渠道方面较商业银行具有一定的不足。

3. 基金公司的特点

一是依托研究能力，具备强劲的主动投资管理能力；二是基金公司以股票、债券等标准化资产投资为主，辅以基金子公司投资非标资产，产品线较为丰富且产品投资范围广；三是基金投资者本身具备自负盈亏意愿，基金投资透明、规范且兼具灵活性；四是市场化的激励机制，容易吸引更加专业的投资经理。与商业银行相比，基金公司在销售渠道上存在一定的限制，更多地需要依赖商业银行的销售渠道；在非标准化资产的投资领域缺少商业银行的资源和优势。

4. 证券公司的特点

一是证券公司在标准资产投资，尤其是以股票为主的权益类资产投资方面具有丰富的经验和牌照优势；二是证券公司在宏观经济、产业政策、债券市场、股票市场、行业发展、公司分析等领域拥有雄厚的研究能力，从宏观到策略到行业的深入研究，对投资指导作用很大，对其资产管理业务的发展起到了有力的支撑作用。与商业银行相比，证券公司在销售渠道上存在一定的限制，更多需要依赖商业银行的销售渠道。

5. 保险公司的特点

一是保险公司在大类资产配置方面具有较为丰富的经验；二是天然的负债端优势，成本低且期限长。保险公司缺少销售渠道，需要依赖商业银行的渠道销售其产品，在非标资产投资方面与商业银行相比无比较优势。

（三）机遇与挑战

各类金融资管机构有相互竞争，又有协同合作，主要基于各类机构在渠道（体现在获取客户和资金的能力）、投资研究能力和投资范围方面的优势互补。银行与其他金融资管机构的合作，一方面可以弥补自身投资研究专业性发展的不足；另一方面，在分业监管背景下，不同机构存在投资范围的差别，银行在投向上受到诸多限制，而信托、基金子公司在投资自由度上拥有相对明显的优势。各类金融机构之间有着较为深厚的合作基础，能够各自发挥自身优势，补齐"短板"，共同促进大资管行业的深入发展。

商业银行与信托公司、保险公司、基金公司、证券公司等金融机构在理财业务领域的合作，使银行可借助合作机构的优势持续强化跨界资产配置能力与市场交易能力，强化银行特有优势，打造银行理财业务自身的核心竞争力，跨市场、跨行业、跨品种的合作是做大做强银行理财业务的必然选择。

目前，我国金融监管仍然处于分业经营、分业监管的环境，各类从事资管业务的金融机构合规稳健发展、深入广泛合作、严控金融风险成为未来一个时期共同面临的重要问题之一。

二 银行理财业务委外投资

委外投资是银行理财业务与其他金融机构合作的重要表现形式，委外投资是缓解当前阶段银行理财业务在投资能力方面不足或者高收益资产紧缺局面的有效途径之一，但还需要在制度设计、流程规范、管理方法等方面进一步完善。

（一）委外投资的定义

委外投资是指资金委托方将资金委托给外部管理人，外部管理人根据双方约定的投资策略、投资范围、风险管理策略、委托期限等要求，自主进行投资决策，目标是在委托协议的约束下，实现委托方收益的最大化，委外管理人根据合同约定向资金委托方收取固定或浮动的管理费。具体流程如图4-2所示。

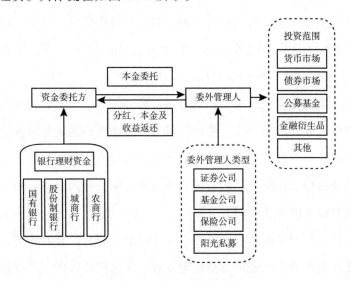

图4-2　委外投资基本流程

资料来源：天风证券。

（二）委外投资的现状

2016年，受监管不确定性影响，委外业务进入停摆观望期，但从长期看，机构间的合作由简单的通道升级为优势互补，以强化资产配置能力，委外投资出现分化。资产配置向多策略发展，通过基金中的基金（Fund of Fund，FOF）和管理人的管理人（Manager of Manager，MOM），强化跨界资产配置能力和市场交易能力，更密切地跟随大类资产轮动，委外投资更多增长来自一些基于比较优势的业务合作。

委外投资有一定程度的赎回，会导致管理人的洗牌，重塑资产管理的业态。不同的金融机构有其不同的核心竞争力，相互合作空间还很大。中小银行需要借助证券公司、基金公司进行资产配置，即需要问题解决型的资产配置方案，而不仅仅是通道型的资产配置方案。通过优势互补，实现多策略跨界资产配置和资产交易的能力的提升。

（三）委外投资的发展趋势

为了实现银行理财业务委外投资的有序发展，未来需要从四个方面强化委外投资机构的管理：一是建立健全委外机构遴选体系，强化外部机构投资能力及委外投资策略的研究；二是完善委外投资管理人跟投制度和优胜劣汰制度；三是建立白名单制度和定期重检、汇报、沟通机制；四是通过管理费的创新设计最大限度地挖掘委外投资管理能力，实现管理费制度的有效激励。

三　银行理财与各类金融机构的合作情况

银行理财与其他非银行金融机构的合作主要体现在两大方面：一是通道业务，二是委托投资业务。银行理财业务分别根据不同类型业务选择不同的机构进行相应的合作。

（一）银信理财合作

在前期信托公司监管政策不断完善的基础上，2016 年，监管部门进一步规范信托公司的经营管理。2016 年 3 月，银监会向各银监局下发《进一步加强信托公司风险监管工作的意见》（银监办发〔2016〕58 号），规定信托公司结构化股票投资信托产品杠杆比例原则上不超过 1 倍，最高不超过 2 倍；2016 年 7 月 15 日，证监会发布《证券期货经营机构私募资产管理业务运作管理暂行规定》（中国证券监督管理委员会公告〔2016〕13 号），明确股票类、混合类结构化资管产品杠杆倍数不得超过 1 倍。信托公司在通道业务方面较券商资管和基金子公司具备更多的优势，从 2016 年信托公司 A 股账户月度新增开户数即可略见一斑，如图 4 - 3 所示。

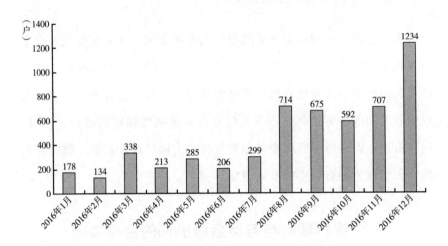

图 4 - 3　2016 年信托公司 A 股账户月度新增开户数

数据来源：中债登。

主要合作模式

理财业务的银信合作更多体现为通道业务，发挥信托公司的牌照优势弥补理财产品法律地位不明确的问题，通过信托公司设立集合信托计划、单一信托计划的形式实现理财资金的投放。随着监管日益趋严、信托公司在投资交易能力方面的提升，未来银信合作的通道业务将呈现下降趋势，合作模式将更多地体现为委外投资，具体由信托公司的资产配置能力决定。

（二）银保理财合作

2012 年以来，监管部门逐步规范保险公司的资产配置模式，2016 年进一步规范保险公司资管产品的经营。2016 年 6 月，保监会向各保险资管公司下发《关于清理规范保险资产管理公司通道类业务有关事项的通知》（保监发〔2015〕98 号），要求各保险资管公司清理规范银行存款通道等业务，主要业务形式是：资金来源与投资标的均由商业银行等机构确定，保险资产管理公司通过设立资产管理计划等形式接受商业银行等机构的委托，按照其意愿开展银行协议存款等投资，且在其委托合同中明确保险资产管理公司不承担主动管理职责，投资风险由委托人承担。同月下发的《关于加强组合类保险资产管理产品业务监管的通知》（保监资金〔2016〕104 号，保险"八条底线"）对组合类保险资产管理产品进行了规范，规定产品为集合产品或产品资金涉及保险资金的，不可投向非保险资产管理公司发行的基础设施投资计划、股权投资计划、资产支持计划等。监管政策的收紧已成为银保合作面临的挑战之一。

主要合作模式

银行理财业务与保险公司的合作主要通过保险公司的资产管理子公司完成，既有通道业务又有委外投资业务。银行理财业务委托保险公司资产管理公司开展资产配置业务，主要依赖于保险资管在大类资产配置方面的成熟经验和投资交易能力。

多家银行投资上海保险交易所首批产品

上海保险交易所保险资产登记交易平台首批产品于 2016 年 11 月 10 日顺利上线，该平台上线运行后，将大大提升保险资管产品的流动性价值。该平台首发了"长江养老——太平洋寿险保单贷款资产支持计划""太平－上海建工都江堰市滨江新区基础设施（PPP）项目债权投资计划"共两只保险资产管理产品，分别是保险业内第一单循环购买保单贷款资产证券化产品和第一单以PPP项目为底层资产的债权投资计划产品。

"长江养老——太平洋寿险保单贷款资产支持计划"，保单质押贷款的证券化有助于寿险公司为保单持有人的流动性需求提供资金支持，优化了寿险公司的资产负债管理。而"太平－上海建工都江堰市滨江新区基础设施（PPP）项目债权投资计划"拓展了银行理财资金配置优质债权资产的规模和渠道，同时在深入探索政府和社会资本合作PPP模式上也有重要意义。银行对此两单产品的投资有助于深化银保合作关系。

（三）银证理财合作

证券公司资管人才储备充足，投资研究能力强，但银行理财与券商资管的最初合作以发挥证券公司通道在投资范围上的优势为重心。

通道类银证合作经历快速发展后，证券公司逐渐回归主动管理业务。根据2016年新修订的《证券公司风险控制指标管理办法》，定向理财通道业务的风险资本准备比例全面攀升，部分证券公司通道类业务需计提的风险资本准备金达到原来的2~3倍，大大提高了证券公司续做通道业务的成本；《证券期货经营机构私募资产管理业务运作管理暂行规定》大幅压降杠杆、严禁对优先级份额的保本保收益安排，监管新规迫使券商进一步向主动管理业务转型，银证合作也更需深入地发挥证券公司的主动管理能力。

2016 年，银行理财委外资金绝大部分配置在收益稳健、风险较低的债市，债市的调整使银行把更多的关注点放到了权益市场上。未来，银行理财和委外业务增速回落，银行将会更加审慎地选择投资管理水平较高、风格严谨稳健的投资管理人，委外业务的市场份额可能会向部分优质管理人集中。

主要合作模式：银行理财业务与证券公司的合作既有通道业务又有委托投资业务。创新性的银证合作通道类定向资产管理业务主要包括票据类、特定收益权类、委托贷款类、银行间市场类定向资产管理业务等。

民生银行与华泰资管合作发行央企绿色循环经济资产证券化项目

2016 年 9 月 29 日，"汇富·华泰证券资管——中再资源废弃电器电子产品处理基金收益权资产支持专项计划"成功发行，成为全国首单央企绿色资产证券化项目和首单固体废弃物处理行业环保资产证券化项目。

此项目由中再资源环境股份有限公司将子公司一定规模的废弃电器电子产品处理基金补贴收益权转让（包括初始转让和循环转让）给信托，该信托项下收益权作为本次证券化的基础资产。在专项计划运行过程中，信托公司有权向中再资源子公司循环购买底层资产。

民生银行在此单项目中担任了监管银行、托管银行、保管银行、优先级机构投资者等多种角色，实现了项目承揽、承做、投资三位一体；而华泰资管作为计划管理人和主承销商。

（四）银基理财合作

银行理财业务与基金公司合作，包括与基金公司的合作以及与基金子公司的合作。基金公司有自己的投资研究团队，具备较高的投资管理能力；资金主要投向标准化的股票债券等，在投资范围上并没有太大优势。对货币型基金的配置是银行理财与基金公司合作的主要内容，将货币型基金作为理财组合短期流动性调节器；得益于其投资管理能力，基金公司也是银行理财委外业务的主要合作机构。

2016年，证监会制定的《基金管理公司子公司管理规定》及《基金管理公司特定客户资产管理子公司风险控制指标管理暂行规定》，对基金子公司形成净资本约束；在风险资本准备方面，不同业务设置不同的风险系数，一对一非标、融资类资管的风险系数分别为0.8%、1%，而非通道类的标准化金融产品投资则不会产生额外的资本消耗。新规发布后，基金子公司由股东进行增资，更重要的是进行业务转型、大幅度缩减通道业务，后续可能将回归与母公司互补的本质，与银行理财的合作也将相应发生变化。

主要合作模式

银行理财业务与基金公司或基金子公司的合作，以往更多体现在通道业务方面，近年来逐步向委外投资业务转型，得益于基金公司在债券投资、股票投资、投资研究等方面的优势，银行理财业务将部分理财资金交由基金公司或基金子公司进行管理，通过协议约定实现理财资金的保值增值和风险有效控制等目标。

多家基金公司布局公募基金 FOF

2016年9月23日，证监会对外公布了《公开募集证券投资基金运作指引第2号——基金中基金指引》，标志着公募基金行业迎来创新品种 FOF，并由此进入 FOF 发展的全新时代。

为了在公募基金 FOF 领域布局，多家基金公司从 FOF 团队组建、产品策略研发、销售渠道等方面积极推进。2016 年 11 月 29 日，南方基金、鹏华基金、华安基金等基金公司上报的首批 FOF 产品已获得证监会受理。

在此过程中，已有一些银行与基金公司达成合作，例如南方基金表示，已与国有大银行合作开发多只公募 FOF，以追求绝对收益的产品为主。银行系的基金公司则在与银行的合作方面更具优势，例如农银汇理将依托农业银行，以 FOF 基金为载体，为农业银行的客户提供专业的理财顾问、资产配置服务，而同时农业银行遍布全国的网点、数量众多的理财经理，也是农银汇理发展 FOF 基金的优势所在。

第五部分　社会经济效益

　　银行理财业务是连接投资与融资的重要工具。2016 年，银行理财积极践行普惠金融，在为投资者实现财富保值增值的基础上，积极服务"一带一路"等国家战略，支持供给侧结构性改革，为客户提供更加多元化金融服务，客户满意度不断提升。

一　践行普惠金融，提高居民财富

银行理财为大众客户投资者提供了资产保值增值的有效渠道，银行理财产品比较符合现阶段投资者的风险收益偏好，在保持收益稳定、风险可控的前提下，根据不同客户群体的特征完善理财产品体系，并不断提升客户体验。

（一）为大众客户提供稳定收益

2016年，商业银行理财产品为投资者实现收益9772.70亿元。其中，一般个人类理财产品兑付客户收益4582.70亿元，占全市场兑付客户收益的46.89%；机构专属类理财产品兑付客户收益2515.00亿元，占比为25.73%；私人银行类理财产品兑付客户收益1016.20亿元，占比10.4%；银行同业类产品兑付客户收益1658.90亿元，占比16.98%（见表5-1）。

表 5-1　2016 年度银行理财产品的投资者收益

单位：亿元，%

投资者类型	实现收益	占　比
一般个人类	4583	46.89
机构专属类	2515	25.73
私人银行类	1016	10.40
银行同业类	1659	16.98
合　计	9773	100

银行理财产品为投资者带来相对比较稳定的收益（高于同期限存款利率），因产品波动性相对较小，在我国当前社会经济发展阶

段，适宜以大众投资者为主体的投资者群体，这也是近年来银行理财践行普惠金融、规模快速增长的重要基础。

（二）理财产品体系更加完善

2016 年，各商业银行在"资产荒"的背景下，不断尝试新的产品形态、交易结构和资产类别，进一步完善理财产品体系，以更好地满足市场的需求，丰富投资者的投资品种。并加速弥合开放式产品和封闭式产品间的鸿沟，推出更加符合投资者心理的理财产品。同时多家银行将理财业务同大数据、互联网金融、绿色金融、养老金融等热门概念相结合，推出更加精细化的理财产品，以满足特定投资者的需求。

（三）以人为本，全面提升客户体验

2016 年，商业银行聚焦客户体验，从流程人性化、服务可视化、操作便捷化等角度提升用户体验：提供客户投资理财统一视图，方便客户轻松管理名下的资金，洞悉个人的投资分布、资产收益等；根据客户的投资行为，提供"猜你喜欢""你可能需要"和"一对一客户经理推荐"等营销服务，辅以"扫码查看""社交分享"及"搜索比价"等功能，方便客户快速找到需要的投资理财产品；免费提供理财到期提醒、交易情况跟踪、收益试算、资产保护对账单、金融资讯、行情趋势等增值服务。

二　支持国家重点战略

银行理财业务通过理财资金投资于非标资产和债券等资产，支持国家重大战略项目的实施以及重点区域经济的发展，直接为实体经济发展提供融资等多方位的金融服务，促进经济增长模式转型升级，助力产业结构优化调整。

（一）支持国家重点产业基金

为贯彻落实《关于在公共服务领域推广政府和社会资本合作模式的指导意见》（国办发〔2015〕42号）及国务院常务会议92次会议精神，财政部拟引导设立"中国政府和社会资本合作融资支持基金"，各商业银行积极拓展相关产品，支持国家重点产业基金项目的实施。

在财政部的指导下，各商业银行积极创新公共服务供给机制，支持政府和社会资本合作（PPP）模式发展，作为社会资本方参与PPP项目，提高项目融资的可获得性。基金以纳入国民经济和社会发展规划、基础设施和公共服务领域专项规划以及党中央、国务院确定的其他重大项目中的PPP项目为投资目标，主要通过股权、债权、担保等方式，合理运用资金投资于能源、交通运输、水利、环境保护、农业、林业、科技、保障性安居工程、医疗、卫生、养老、教育、文化等公共服务领域，并以结构化投资等多元化技术适当在战略性新兴产业、健康养老、能源资源、绿色环保等符合国家产业升级、结构调整战略范畴的产业和领域进行布局，提高投资收益和实现现金流的多样化安排，通过委托基金管理公司专业化运作，努力在为股东创造良好回报的同时，引导和规范PPP项目合作，培育高效、规范、透明、统一的PPP市场，实现政策导向与市场运作的有机结合。

招行参与深圳市招银创新创业一号投资基金

深圳市政府于 2016 年 4 月发起设立深圳市政府产业引导基金，基金的设立目的为：推动深圳战略性新兴产业发展与升级；助力深圳企业整合国内优质资源；吸引全球资源向深圳聚集；发挥招行综合平台优势，为客户提供投商行综合金融服务。

经过多次与政府各相关部门的沟通，通过深圳市政府引导基金办公室聘请的第三方评估，深圳市政府引导基金办选择招商银行的全资子公司——招银国际作为第一批基金管理人之一，共同设立深圳市招银创新创业一号投资基金，招商银行参与该基金投资。

基金的主要投资方向为：战略性新兴产业的投资机会，包括不限于新一代信息技术、互联网、传媒及文化创意、智能产业、医疗健康、新材料、新能源及新能源汽车、现代服务业等；高科技企业境内外并购整合。

该项目属于首批深圳市政府与金融机构开展设立的产业投资基金，专门用于投资创新创业企业，支持创新创业企业的发展，并为深圳市进行招商引资，吸引优质企业落户深圳。该基金项目可以有效地促进产融结合，使产业部门与金融部门通过股权关系相互渗透，实现产业资本和金融资本的相互转化。深圳市政府与商业银行联合出资，通过引入外部 VC、联合战略投资者投资、银行借款、企业上市等多轮放大，可以满足区内企业融资需求。同时，基金直接投资于社会实体经济，在市场"剪刀差"不断扩大的背景下，充分避免资金在金融体系内空转，直接为社会实体经济输血。基金旨在投资扶持优质的创新创业企业，大力支持国家创新理念的推广。

（二）推进国家"一带一路"建设

各商业银行积极支持国家重大战略，通过银行理财支持"一带一路"相关项目的建设。"一带一路"项目具有投资范围宽、影响范围广、建设周期长、跨越境内外、资金需求大等特点，需要金融机构通过多种渠道给予全方位的支持。作为为"一带一路"项目提供金融服务的主要金融机构，商业银行充分发挥自身优势，尤其是表内外业务联动优势，积极创新，为"一带一路"项目支持提供全方位的金融服务。理财业务支持"一带一路"，既能够更加有效地支持实体经济的发展，又能在当前"资产荒"的局面下，逐步拓宽理财业务资产配置的范围与途径，对促进银行理财业务更加有效地支持实体经济、推动经济增长均有良好的示范效应。

工行、中行、交行参与广东丝路基金

广东省人民政府拟筹建丝路基金，用于支持省内"一带一路"配套基础设施及位于"一带一路"沿线国家的"走出去"项目建设。该基金总规模200亿元，广东省财政出资20亿元作为劣后资金，面向社会投资者募集优先级资金180亿元。工商银行、中国银行和交通银行等商业银行自营理财资金参与优先级出资70亿元。该基金存续期10年，具体项目须符合国家政策，由广东省发改委从"对外投资备案系统"中挑选项目规模在3000万至3亿美元的项目推荐给基金，目前已储备项目68个，累计规模达550亿美元。基金采用市场化运作，银行理财资金收益及本金退出将依靠基金的投资运作收益。基金投向范围包括港口码头、产业园区、服务业、农业、互联互通等。广东丝路基金用于支持境内外主体对广东省省内"一带一路"项目及

配套基础设施建设，以及省内主体（含省内主体控制的境内外主体）对"一带一路"沿线国家的"走出去"项目建设。

（三）助力国企改革和产业升级

受我国经济进入新常态、国企改制及产业结构调整升级的影响，企业并购重组交易活动更加频繁，无论交易数量还是交易金额将保持一定的增长趋势。

并购交易伴随着较大的融资需求，在我国现阶段股权资本市场尚处于发展阶段的条件下，这种融资需求显得更加迫切，需要更多的资金用于支付并购交易。2016 年，各商业银行不断提升金融服务能力，抓住并购交易融资机会，给自身带来更多的业务。银行理财通过非标资产或者并购债券的形式，有效地支持企业并购重组，助力国企改革和产业升级。

理财资金支持企业并购重组案例

某航空公司的股东之一某航旅游集团有限公司（以下简称"某航旅游"）于 2015 年与某旅游公司进行了接洽，探讨双方合作的可行性，会谈成果良好。最终确定了由某航空公司认购某旅游公司在美国纳斯达克市场定向增发的股票 5 亿美元。某航空公司计划 2015 年 12 月 18 日前完成第一笔某旅游公司定向增发的认购，金额为 3 亿美元，2016 年 1 月 31 日前完成第二笔某旅游公司定向增发的认购，金额为 2 亿美元，合计认购金额为 5 亿美元。

项目结构介绍：商业银行理财资金和某航空公司出资共同设立渤海华美四期（上海）股权投资基金合伙企业（有限合伙），作为优先级与劣后级，出资比例为 4：1，渤海华美与京旅盛宏作为双 GP（一般合伙人），有限合伙企业在境外设立全资特殊目的机构公司（SPV），境外 SPV 将直接对标的企业股票定向增发进行认购，最终由某航空公司、某航旅游承担回购及现金差额补足实现退出，某航集团出具承诺函。同时，某航旅游提供其持有的 1 亿股 KS 旅游限售股票进行质押，境外所持 T 股票进行托管。

三　履行社会责任

银行理财业务积极推动经济社会发展，支持供给侧结构性改革，促进经济转型升级，并加大创新力度，增强银行理财产品的品牌价值，持续改善客户满意度，改善民生福祉。同时，积极履行社会责任，促进生态环境保护、支持绿色产业发展。

（一）支持供给侧结构性改革，助力改善民生

1. 主动调整银行理财资金投向

严格执行相关监管要求，在去产能过程中，商业银行理财业务主动改变现有资产配置结构，降低两高一剩、僵尸企业和过剩产能的资源占用，进一步提升资源利用效率，逐步提高资源的边际效用，主动将理财资金投入重心与国家重点支持及民生领域相衔接。

2. 拓展金融资源供给方式

银行理财从服务投资者的角度，积极创新，研发覆盖各类客户的理财产品，并根据投资者需求变化动态调整产品供给策略；从服务实体经济的角度，根据融资客户需求变化，动态研发相应

的金融服务方案，为其提供"融资""融智"，实现资源的有效、高效配置。

3.守住不发生金融风险的底线

各家商业银行发展理财业务的过程中，以不发生金融风险为底线，在理财产品设计、资产配置的过程中将风险管理放在首位，持续改进风险管理工具、方法，提升银行理财业务风险管理效率。

（二）加大产品创新，提升客户满意度

1.提升理财产品覆盖度，扩大产品影响力

各商业银行根据产品期限、销售渠道、发行时点、客群特性等因素，差异化地创设发行相应的理财产品，不断提升银行理财产品的覆盖度，包括个人投资者、私人银行客户、机构客户、同业客户等，并不断优化投资者结构，树立和增强银行理财产品的品牌价值。

2.主动适应互联网金融发展，提升客户体验

近年来互联网金融的深入发展，对银行理财业务的渠道模式产生了非常深远的影响，各家商业银行纷纷通过搭建平台或与第三方机构合作实现理财业务的互联网化，持续不断地改进并提升客户体验，积极主动地应对互联网金融对银行理财业务的影响。

3.探索外币型产品，提升理财产品价值的全球化

随着企业"走出去"战略的实施以及经济金融全球化程度的日益提高，银行理财业务如何更好地服务全球化战略的发展，成为银行理财业务国际化过程中需要重点考虑的问题，国际化不仅包含投融资客户的国际化，还包括理财产品品牌价值的国际化，需要在更加广泛的空间展示我国银行理财产品的品牌价值。

江苏银行"融梦想　益家人"公益理财产品

2015 年 5 月 27 日，江苏银行在全国率先创设并常态化滚动发行了"融梦想　益家人"公益理财产品。客户每购买 1 万元的"融梦想　益家人"公益理财产品，银行就同步捐助 1 元用于资助孤寡老人、困难家庭、贫困学子等社会弱势群体或绿色环保等各项公益事业。截至 2016 年 11 月底，江苏银行累计发行 197 款公益理财产品，累计募集公益理财专用资金 284.24 亿元。2016 年 9 月 28 日江苏银行公益理财通过江苏省红十字会向"爱的传递——南京市社会儿童福利院栖霞寄养儿童教育项目"捐款人民币 100 万元，展现了大型区域性银行的责任感，在积极履行企业社会责任的同时取得了较好的社会反响。

（三）支持绿色投资，推进生态友好

各商业银行积极践行国家战略。2016 年，国内绿色债券发行金额总计 2095.19 亿元，交易所成为绿色实体企业实现债市直接融资的主流场所；绿色企业债的加权平均发行利率低于中期票据、资产支持证券和公司债。数据显示，国内绿色债券从无到有，截至 2016 年末已经占到全球发行规模的近 4 成。而绿色债券成为银行理财产品资产配置的投资工具和品种，积极推动绿色金融投资的发展，为中国银行业践行绿色金融服务理念的最佳实践。

兴业银行发行绿色理财产品

兴业银行面向个人投资者发行投资绿色环保项目和绿色债券的绿色理财产品——"万利宝——绿色金融"，让广大投资者在获得投资

收益的同时，参与我国绿色产业的发展，支持美丽中国建设。

该款绿色理财产品期限5年，以3个月为一个投资周期开放申购赎回，首个投资周期参考年化收益率4.0%，资金主要投向属于中国人民银行关于绿色金融债的39号公告及附件和中国银监会绿色信贷统计制度等监管文件重点支持的绿色环保资产。

兴业银行在绿色金融领域已深耕十年，设计环境交易金融、节能减排融资、个人低碳金融等产品与服务，先后通过发行低碳信用卡、绿色理财产品等，为公众搭建参与低碳环保领域的便捷渠道和方式，鼓励与引导绿色消费、绿色投资，履行自身作为赤道银行的社会责任。

第六部分　相关监管政策

　　银行理财业务作为连接直接融资工具和居民财富的桥梁，改善了社会融资结构、提高了资金配置效率、增加了居民财产性收入。同时，理财业务呈现出规模增长较快，资产收益收窄，面临"资产荒"等一些较为明显的经营特征，并且其快速发展过程中的风险管理问题不容忽视。为此，人民银行、银监会等监管机构高度重视，出台了一系列监管政策，及时有效管控业务风险，引导理财业务规范发展，推动银行理财业务加快转型。

一 表外理财纳入 MPA 考核，
促进理财业务规范健康发展

人民银行在总结前期经验的基础上，于 2017 年第一季度将表外理财正式纳入宏观审慎评估体系（简称 MPA）广义信贷考核，以合理引导金融机构加强表外业务风险的管理。

（一）主要内容

央行 MPA 中对广义信贷的统计范围，将在原有各项贷款、债券投资、股权及其他投资、买入返售资产、存放非存款类金融机构款项等五个项目基础上，增加表外理财资金运用项目。表外理财资金的数据，从央行调查统计部门的人民币表外理财资产负债表中取得。其中，表外理财资金运用余额 = 该表中的资产余额 - 现金余额 - 存款余额。

（二）主要影响

将表外理财纳入 MPA 考核实行表内外全口径监管，有助于抑制银行表内业务转向表外以规避 MPA 考核，实现监管套利。对于商业银行的影响主要体现在两方面：一是广义信贷增速方面，二是宏观审慎资本充足率方面，如表 6 - 1 所示。

表 6 - 1　表外理财纳入广义信贷的影响

指标名称	全国系统重要性机构	区域系统重要性机构	普通机构
广义信贷	增幅与目标：M2 增速偏离不超过 20 个百分点，60 分；否则 0 分	增幅与目标：M2 增速偏离不超过 22 个百分点，60 分；否则 0 分	增幅与目标：M2 增速偏离不超过 25 个百分点，60 分；否则 0 分

续表

指标名称	全国系统重要性机构	区域系统重要性机构	普通机构
资本充足率	$[C^*, +\infty)$，80 分；$[C^* -4\%, C^*)$，48～80 分；$[0, C^* -4\%)$，0 分	$[C^*, +\infty)$，80 分；$[C^* -4\%, C^*)$，48～80 分；$[0, C^* -4\%)$，0 分	$[C^*, +\infty)$，80 分；$[C^* -4\%, C^*)$，48～80 分；$[0, C^* -4\%)$，0 分

注：C^* 为宏观审慎资本充足率。

宏观审慎资本充足率由四个指标决定的：①最低资本充足率，按照《商业银行资本管理办法》的相关要求执行，目前，商业银行最低资本充足率为 8%；②系统重要性附加成本，根据不同类型的银行（全国系统重要性机构、区域系统重要性机构、普通机构）设定相应的数值，对于全国系统重要性银行、区域系统重要性银行的附加资本设置为 1%，普通机构按照 $0.5\% + (1 - 0.5\%) \times$（资产规模/区域内最大资产规模）计算；③储备资本；④逆周期资本缓冲，MAX {整体信贷顺周期贡献参数 × [广义信贷增速 −（目标 GDP + 目标 CPI）]，0}。表外理财纳入广义信贷通过逆周期资本缓冲对宏观审慎资本充足率产生影响。

二　酝酿理财新规，加强对银行理财业务监管

为了守住不发生系统性金融风险的底线，促进银行理财业务持续稳健发展，监管部门加强协调监管，梳理和制定银行理财业务发展的相关规定。

（一）主要内容

近年来，银行理财业务高速发展的同时，也面临包括利差倒挂、

期限错配、投资杠杆过高等带来的业务风险。为此，银监会拟出台《商业银行理财业务监督管理办法（征求意见稿）》。整体上看，新规严格限制投资范围、投资通道，通过去影子银行、去通道、加强表外监管、降低期限错配等措施，防范银行理财业务发展过程中暴露的金融风险。具体措施较为严格，监管力度明显加大，全面落实后预计将给银行理财业务带来多方面的重大影响。

2017年初，中国人民银行牵头银监会、证监会、保监会制定《关于规范金融机构资产管理业务的指导意见（内部审核稿）》（以下简称"资管新规"）。整体上看，"资管新规"体现了监管层对资管行业监管趋严的思路。

"资管新规"主要目的是统一同类资产管理产品监管标准，杜绝监管套利，有效防控金融风险。与以往出台的资管监管政策相比，原本由三会分别监管的各类资管产品实现了"五统一"：一是统一资产管理业务的定义和资产管理产品的范围、分类；二是统一合格投资者的标准；三是统一资管产品杠杆比例要求；四是统一资本约束和风险准备金计提标准；五是统一资管产品数据统计格式、口径及路径等统计制度。核心内容如下。

（1）禁保本，破刚兑：金融机构开展资产管理业务时不得承诺保本保收益，不得开展表内资产管理业务。

（2）限非标，控规模：禁止投资非标准化商业银行信贷资产及其收益权，非标准化债权类资产投资应当符合相关金融监管部门关于限额管理的规定，控制并逐步缩减规模。

（3）禁多层嵌套，去通道：除FOF、MOM和单层委外业务以外，资管产品不得投资其他资产管理产品，不得为其他行业金融机构发行的资管产品提供扩大投资范围、规避监管的通道服务。

（4）明投资范围，控集中度风险：固定收益类资产、非标资产、公开发行并上市交易的股票，未上市股权、金融衍生品、境外资产均为资管产品合法投资标的；单只资产管理产品投资单只证券的市值或者证券投资基金的市值不得超过该资产管理产品净资产的10%，私募产品除外；全部资产管理产品投资单只证券的市值或者证券投资基金的市值不得超过该证券市值或者证券投资基金市值的10%。

（5）禁资金池，要求独立托管：金融机构不得开展或者参与具有滚动发行、集合运作、期限错配、分离定价特征的资金池业务，且资管产品由第三方托管机构独立托管。

（6）强化自营与代客业务分离：金融机构不得使用自有资金购买本机构或者资产管理子公司发行的资产管理产品，不得为资管产品投资的非标资产或者股权类资产提供任何直接或间接、显性或隐性的担保或者回购承诺；出现风险时，金融机构不得以自有资本进行兑付。

（二）主要影响

新规从机构准入、投资范围、产品杠杆操作等多个方面对商业银行理财业务进行了一定的限制。

（1）通过对银行理财设置门槛，对投资端加大限制，施行第三方托管以及计提风险准备金等手段增加银行理财的运营和操作成本，这些将使得理财规模增速放缓。

（2）禁止期限错配的资金池操作，做到每只产品单独管理，这就意味着必须靠第三方托管来实现。

（3）对银行理财业务资金管理、产品发售等影响很大，使银行理财必须改变当前大规模进行资金池期限错配的操作管理方式和策略，提高自身管理投资能力，这也是对整个银行理财发展的严峻挑战。

（4）投资范围的限制也将促使商业银行理财减少非标和权益类资产的配置比例，对债券资产的配置压力增大，整体收益率将下行，从而迫使银行理财降低资金成本。

（5）非标资产将通过应收款项类投资、基金子公司/信托/资管通道业务、银行不良资产基金模式和转为资产证券化产品进行转移。其中资产证券化是非标准化债权向标准化债权转变的主要合规手段。

（6）允许银行委外业务，但是要减少中间通道嵌套，易于风险识别，减少银行和其他机构间的风险传染。

（7）明确金融机构通过子公司开展资产管理业务或者开展资产管理业务名实相符的，不受资本约束条款限制。预计未来银行多数将成立资管子公司，或者成立事业部，从而规避净资本约束。

三　进一步完善资管产品增值税纳税规则

财政部、税务总局连续发布《关于全面推开营业税改征增值税试点的通知》（财税〔2016〕36号，简称"36号文"）、《关于明确金融、房地产开发、教育辅助服务等增值税政策的通知》（财税〔2016〕140号，简称"140号文"）及其政策解读文件，《关于资管产品增值税政策有关问题的补充通知》（财税〔2017〕2号），基本确定了资管行业缴纳增值税的整体政策和框架，将银行资管产品纳入增值税征收范围。

（一）主要内容

1. "36号文"主要内容

"36号文"将"销售金融服务"划分为四类，即贷款服务、金融商品转让、直接收费金融服务和保险服务，银行资管业务主要涉及前三类服务。另外，36号文明确了"营改增"过渡阶段部分税收减免政策。

2. "140号文"主要内容

"140号文"对"36号文"中金融服务有关内容做出进一步解释。一是进一步明确"保本收益、报酬、资金占用费、补偿金"是指合同中明确承诺到期本金可全部收回的投资收益。金融商品持有期间（含到期）取得的非保本的上述收益，不属于利息或利息性质的收入，不征收增值税。二是进一步明确纳税人购入基金、信托、理财产品等各类资产管理产品持有至到期，不属于"36号文"所指的金融商品转让。"140号文"另外规定，资管产品运营过程中发生的增值税应税行为，以资管产品管理人为增值税纳税人。

3. 财税〔2017〕2号文主要内容

"2号文"明确规定"资管产品运营过程中发生的增值税应税行为，以资管产品管理人为增值税纳税人"，有关规定的实施起始时间为2017年7月1日。资管产品在2017年7月1日前运营过程中发生的增值税应税行为已缴纳增值税的，已纳税额从资管产品管理人以后月份的增值税应纳税额中抵减。

按照税收政策精神，银行理财业务涉及增值税纳税行为的主体主要包括理财产品、银行、投资者、第三方机构，具体如下。

理财产品。理财产品作为特殊目的载体（SPV），在其生命周期内存在的应税行为主要包括"贷款服务"及"金融商品转让"。可适用的增值税税收优惠主要包括：金融同业往来、国债、地方政府债、金融债的利息收入免征增值税；金融商品持有期间（含到期）取得的非保本性质收益免征增值税等。

银行。银行作为产品管理人和资产管理相关金融服务的提供者，按照约定从理财产品中取得托管费、销售费、管理费等中间业务收入，属于"提供应税金融服务"。

投资者。保本产品购买人因获得保本收益，其应税行为属于"贷款服务"，应就其取得收益缴纳增值税。目前，银行不负责代扣代缴理财产品购买者应缴税款。

第三方机构。银行理财业务涉及的第三方机构主要包括理财产品支付给第三方机构的管理费，第三方机构的应税行为同属"提供应税金融服务"，应由中介各自就此部分收入缴纳增值税。

（二）主要影响

1. 明确了银行理财作为纳税主体的地位

"140号文"明确了资管产品管理人作为增值税纳税人，为资管产品运营过程中发生的增值税应税行为进行增值税缴费，使得税收征收工作更为便利。而政策解读文件则明确了运营资管产品过程中应税行为的内涵，明确规定管理人收取的管理费、运用资管产品资金进行投资时所产生的增值税均由管理人缴纳，这一规定及对征税范围的完善，将对整个银行资管业务造成重大影响。

2. 固定收益类资产利息收入需要缴税，但利率债等部分资产免予征收

政策明确在银行理财投资中占据重要地位的固定收益类资产利息收入需缴纳增值税，如信用债、非标类投资、股票质押回购等，但国债、质押式回购、地方政府债、金融债、同业存款、同业存单、央票等债券的利息收入免征增值税。

3.金融商品转让需缴纳增值税

政策明确了金融商品转让是指转让外汇、有价证券、非货物期货和其他金融商品所有权的业务活动。其他金融商品转让包括基金、信托、理财产品等各类资产管理产品和各种金融衍生品的转让。这对银行理财而言，所有股票、债券等资产的资本利得收入均需缴纳增值税，没有豁免。

4.补充明确"保本收益"的范畴及保本需缴纳增值税、非保本不缴纳增值税

政策明确"保本收益"是指"合同中明确承诺到期本金可全部收回的投资收益"，同时明确了保本收益须缴税、非保本收益不缴税的原则。结合"36号文"及"140号文"，对于底层投资品及资管产品的增值税征收规定为：投资明确带有保本承诺的资产需缴纳增值税；股票股息等非保本收益则不缴纳增值税。

5.资管产品持有至到期不属于金融商品转让，不缴纳增值税

"36号文"规定，投资者将持有的金融商品进行转让，其差价应当缴纳增值税；"140号文"明确了产品持有至到期不属于金融商品转让，不缴纳增值税。

四 规范信贷资产收益权转让业务

为规范银行业金融机构开展的信贷资产收益权转让业务，2016年银监会下发了《关于规范银行业金融机构信贷资产收益权转让业务的通知》（银监办发〔2016〕82号，简称"82号文"）。

（一）主要内容

"82号文"主要内容如下。

（1）信贷资产收益权出让方——银行应在信贷资产收益权转让后按照原信贷资产计提资本，以防规避商业银行资本管理要求。

（2）信贷资产收益权出让方——银行应对信贷资产收益权转让业务进行会计核算与账务处理，开展不良资产收益权转让的，在继续涉入情形下，计算不良贷款余额、不良贷款比例和拨备覆盖率等指标时，出让方银行应当将继续涉入部分计入不良贷款统计口径，并按照会计处理和风险实际承担情况计提拨备。

（3）信贷资产收益权转让的出让方银行不得通过本行理财资金直接或间接投资本行信贷资产收益权，不得以任何形式承担显性或隐性回购义务。

（4）信贷资产收益权的投资者应当满足监管部门关于合格投资者的相关要求，不良资产收益权的投资者限于合格机构投资者，对机构投资者资金来源应当实行穿透原则。

（5）对于符合上述规定的合格投资者认购的银行理财产品投资信贷资产收益权，按"82号文"要求在银登中心完成转让和集中登记的，相关资产不计入非标准化债权资产统计范围。

（二）主要影响

"82号文"强调信贷收益权会计出表而监管不出表的思路，也同时表达了监管层防范金融风险的决心。在业务规范后，银行理财业务不能再以创新之名，行监管套利之实，而是应通过业务创新充分体现国家经济发展导向，推动理财业务健康有序发展。

五　明确理财信息登记要求

根据 2016 年银监会创新部的工作要求，为全面加强理财投资风险监测，切实做好理财产品投资资产的信息登记工作，结合登记情况，中央国债登记结算公司于 2016 年 6 月发布《关于进一步明确理财投资信息登记要求的通知》（中债字〔2016〕76 号）。

（一）主要内容

一是在月度统计资产管理计划中分类，并按穿透前和穿透后分别统计；二是严格做好资管计划类资产的信息登记工作；三是准确登记资产分类；四是准确登记资产明细信息；五是不得漏报拆入、正回购等负债信息；六是注意核对通过理财登记系统登记的明细信息与月度统计表总量信息在计算口径、统计时点和结果上的一致性。

（二）主要影响

通知的发布，将进一步加强监管机构对理财投资的监测力度，包括准确掌握理财投资底层资产配置，同时明确了理财信息的登记要求，有效规范银行业理财登记体系，帮助银行业金融机构深入理解登记内容、提高登记质量，加快推进银行理财业务标准化进程。

第七部分　问题与改进

　　中国银行理财业务尽管已经历十余年的发展，但对于整个金融体系仍然是新兴的业务，在其高速发展的过程中，很多配套的政策、制度、体系等建设速度还未跟上业务发展的速度，这也是银行理财业务发展过程中不可避免的一个重要问题。同时，银行理财也面临法律地位有待明确、"资产荒""资金荒"和投资研究能力不足等各种挑战，银行业应以更加积极的心态去面对问题、解决问题，在解决各种问题的过程中，不断完善自身业务的经营模式、发展理念，不断提升银行理财业务的市场竞争力。

一　面临挑战

银行理财业务规模占比为资产管理行业最大部分，但其经营模式、大类资产配置、盈利模式、系统建设、基础管理等方面还存在一些较为薄弱的地方，为银行理财业务未来发展带来重要挑战。

（一）银行理财法律地位仍有待明确

银行理财产品法律地位的缺失，使得银行理财业务的风险收益在风险隔离、过手机制等方面没有真正确立，尽管法律协议上明确客户承担风险，但刚性兑付的现象客观存在。约定收益率的发行方式使得理财产品投资基础资产的利率风险、市场风险没有真正传递给投资者，又由于银行声誉的背书，使得信用风险也没有真正传递给投资者。

（二）行业同时面临"资产荒"和"资金荒"的困难

商业银行理财业务面临着更加复杂的经营环境。一方面中国经济发展步入新常态，供给侧结构性改革不断深入，随着过剩产能化解和"僵尸企业"清理，传统非标资产呈现供给萎缩和信用违约并发态势，而全球经济复苏步履维艰，各类资产收益缩水、轮动加快、波动加大，理财资金投资面临优质资产不足的"资产荒"问题；另一方面，中央经济工作会议定调 2017 年货币政策的总基调为"稳健中性"，货币政策边际收紧，自 2016 年末以来，理财产品发行成本快速上升，利差进一步收窄，理财同步面临着"资金荒"的问题。

（三）投研能力亟待提高，投研队伍建设尚待加强

近年来银行理财业务发展虽然较快，但整体而言，投资的主动管理能力较为粗放，距离精细化、专业化的主动投资管理水平还有一定差距。很多银行的理财业务尚未形成较为专业化的投研团队，导致银行理财业务的资产配置能力、产品创新能力不足，使得资产整体收益水平较证券、基金等市场化的资管子行业有一定差距。在当前宏观形势日趋严峻，市场监管日趋严格，行业竞争日趋激烈的背景下，投研能力以及交易能力的差距将成为决定商业银行理财业务竞争力提升的关键因素。从近年来银行理财业务资产配置发展趋势来看，标准化资产的配置比例越来越高，而投研能力是标准化资产投资不可缺少的一环。

（四）薪酬激励约束机制有待进一步完善

目前银行理财从业人员总体薪酬与传统银行较为接近，与市场化的资管机构存在较大差距，难以留住核心人才，也无法对外部优秀人才形成吸引力，制约了银行理财业务投研能力的提升。如何在传统商业银行的组织管理框架下，建立健全有效的激励约束机制就成为推动银行理财业务发展过程中需要重点研究的问题之一；银行理财业务作为传统商业银行衍生出来的重要的中间业务，其激励约束机制既不能完全照搬其他非银行金融机构的体制机制，也不能延续传统银行的现有体制机制，需要结合银行理财业务的发展实践，在激励约束机制方面进行创新设计，进而使银行理财业务的发展既满足商业银行作为一个整体发展的需要，也能满足在大资管市场竞争的需要。

二　改进措施

银行理财业务面对上述各种挑战，要以问题为导向，通过与监管机构的积极沟通、自身核心竞争能力的建设、与外部机构的大力合作，逐步适应和解决发展过程中面临的各种问题。

（一）资产管理业务应回归本源，明晰角色和定位

一个回归本源的银行资管行业，其定位应为传导、分散、匹配风险而非承担和消除风险。具体而言，比照欧美银行业健全的体系均应包含三层架构：一是资本市场层，为银行理财业务提供合格的、丰富的、能够长期持续创造价值的基本投资品；二是资管产品层，是资产管理机构努力发挥专业价值的位置，其目标是分散、降低投资组合的非系统性风险；三是资金管理层，即财富管理层，其功能是提供契合客户自身特点的财富增值方案、现金流支出匹配方案和风险管理方案。

（二）统一监管标准，加强功能监管，引导转型

伴随监管政策的变化，国内资产管理行业实施功能监管指日可待，监管政策的出台对于银行理财业务的持续稳健发展是非常重要的。完善资产管理行业的监管框架，按照产品本质特征进行一般性、功能性的定义和分类，确保同类型产品的监管逻辑一致。同时，在统一规定的基础上尽快推动相关立法完善，将核心标准通过法律的形式长期固化。只有不断完善监管体系，银行理财业务才能实施有效转型。

（三）更加注重大类资产配置和策略研究

大类资产配置的前提是全资产经营，银行资管在资产端要从货币、类信贷、债券向全资产经营转型。在实现全资产经营的前提下，基于市场研究和策略研究实现资产组合管理，综合运用投资时钟原理，把握大类资产轮动形成的市场机遇，平衡风险与收益。而有效进行大类资产配置的重要前提是对宏观经济周期的深入研究。

（四）加快投研体系建设，夯实核心竞争力

各商业银行应加大资产配置的投研体系建设。一是宏观和利率市场研究，包括跟踪新常态下国内经济形势、经济政策的变化；把握利率变化时机，提升自主投资能力；做好市场预判，动态调整债券投资策略。二是FOF和MOM研究，包括加强委托投资策略的研究，提高管理人选择和策略选择的科学性。强化投前、投中的业绩归因分析，为投后管理提供决策参考。三是信用研究，建立信用评级团队，为信用类资产投资提供决策参考，预防和化解信用风险。四是资本市场研究，合理预判和把握资本市场波动，积极调整资本市场业务的风险准入、投资策略和对冲策略。

三　2017年理财业务发展方向

2017年对于银行理财业务是转型发展重要的一年，各商业银行理财业务发展的压力与动力并存。净值型理财产品将成为各商业银行争夺的焦点，而短期内预期收益型产品仍然是市场的主流。同时，银

行理财也将寻求资产证券化等领域新的投资机会，委外投资模式将会进一步发展和成熟。

（一）净值型产品成竞争焦点，预期收益型产品仍是主流

随着《关于规范金融机构资产管理业务的指导意见》（以下简称《指导意见》）的出台，资管业传统的行业分类监管模式将逐步被打破，功能性监管或将成为主流。在"大资管统一监管"的框架下，银行理财的发展方向继续向"调结构、稳风控"方向转变，理财规模增速将进一步放缓。同时，理财产品仍承载刚性兑付压力，如何使理财产品回归资产业务的本质，如何打破刚性兑付的软约束，成为摆在各家商业银行面前一项亟待解决的问题。

由于普通大众投资者对于预期收益型理财产品的认可度和接受度较高，对于净值型理财产品尤其是在净值发生回撤时，净值型理财产品的销售和投资者对于净值型理财产品的接受和认可不足，需要继续深化投资者教育。但是净值型产品相对复杂的设计使得投资者教育并非一朝一夕可达成，短期内预期收益型产品仍然会是市场的主流。从2016年的走势来看，2017年开放式预期收益型产品的规模占比有望超越封闭式预期收益型产品，起到向净值型产品转型的中间桥梁作用。

（二）挖掘资产证券化投资机会

相较于传统的债券产品，资产证券化产品溢价优势比较明显，资产证券化品种成为目前各家银行大类资产配置的重要理财产品。统计显示，2016年银行间市场信贷资产证券化产品共发行108单，发行规模3908.53亿元，自2012年重启以来累计发行规模达11135.01亿

元，突破万亿元，基础资产类型和发行主体不断丰富创新。

资产证券化受到银行资管的青睐，是因为两者的对接有着天然契合度，银行理财"非标转标"的动力能为资产证券化的大发展带来巨大空间。股份制银行、城商行等非标转标的需求旺盛，资产证券化则是非标准化债权向标准化债权转变、实现直接融资的重要手段。作为发起机构，银行资管可以将本行理财资金投资的债权类资产打包出售给特殊目的载体，实现资产剥离，并作为委托人牵头整个 ABS 项目的落地。作为证券化资产的投资者，银行理财资金可以在资产符合准入条件的情况下投资市场上的资产证券化产品。

（三）委外投资模式进一步发展成熟

在目前的监管环境中，发展 MOM 和 FOF 成为银行理财的一个重要方式。在高收益资产陆续到期且投资限制越发严厉的背景下，获取具有竞争力的收益率难度日益增加。在日渐困难的投资局面中，这种情况能一定幅度地帮助银行理财投资降低波动率、提升收益率。因而从长远看，类似 FOF、MOM 等模式对于大资金管理更具优势，有可能演变成银行理财的一种重要投资模式，随之带来的便是委托投资市场的进一步扩张和成熟。

第一，银行理财委外筛选机制将进一步标准化完善化，对委外机构的风险控制能力也将进一步加强。零碎粗放的委外机构甄别将持续完善为较为系统标准的筛选流程，对银行的风险控制能力的要求加大，委外审查风控将更为精细化、专业化、完善化和成熟化。

第二，对委外机构的要求：一是建立健全稳定的投研、交易、风控团队；二是搭建完善的委外投资绩效分析评价体系，适时对投资业绩进行归因分析；三是完善信息披露制度，对投资策略执行情况、资产持仓情况、风险变动情况进行及时的信息披露。

第三，银行理财实现从主动投资到委托投资，从单一债券投资到对多类资产及产品投资的转变。这一变化将更多地考验银行理财对大类资产轮动节奏的把握能力、组合配置管理能力，及对委外机构和产品的筛选能力和风控能力。

第八部分　理财评价

　　为更好地落实监管要求，中国银行业协会理财业务专业委员会在连续两年开展银行理财产品发行机构评价的基础上，根据监管政策导向，结合银行理财业务发展实际，进一步修订并完善《银行理财产品发行机构评价体系》，并在全行业开展了 2016 年银行理财业务评价工作。共有包括国有银行、股份制银行、城商行、农商行、农信社和外资银行在内的 228 家银行机构参与理财评价。结果显示，商业银行主动适应经济新常态，积极应对金融市场环境变化，进一步提升风险管理水平，银行理财在为客户创造收益，落实国家战略和支持实体经济发展的同时，实现了稳步增长并成为商业银行经营转型的重要抓手。

一 评价体系

（一）设计宗旨

通过建立并不断完善银行理财参与机构评价体系和评价指标，贯彻落实银监会银行理财业务监管工作意见，提升投资者对发行机构业务竞争力的认知，打造"卖者有责，买者自负"的良好市场环境，引导商业银行理财业务规范、健康和可持续发展。

（二）评价指标

为全面地评价银行理财发行机构业务发展绩效，本体系选取合规管理、业务创新、市场表现和产品风险4个具有代表性的一级评价指标，并将一级指标细分为监管合规、信息披露、产品创新、理财期限、规模收入、理财收益、风险等级、收益风险8个二级指标，重点考量理财发行机构业务合规性、创新性和理财服务能力。同时，将二级指标进一步细化为合规与组织管理、风险隔离、行为规范、公众教育、信息披露、产品结构、期限结构、到期集中度、规模收入、理财收益、风险加权、预期收益、收益均值等13个三级指标，以便全方位、合理地引导和规范银行理财业务行为，如表8-1所示。

表 8-1　银行理财评价体系

一级指标	二级指标	三级指标	对应评价内容
合规管理	监管合规	合规与组织管理	单独建账、单独核算、单独部门设置等
		风险隔离	理财业务风险隔离措施执行情况等
		行为规范	理财产品销售、投资、运营规范情况

续表

一级指标	二级指标	三级指标	对应评价内容
合规管理	信息披露	公众教育	公众教育机制建立和实施情况
		信息披露	产品事前、事中、事后信息披露情况
业务创新	产品创新	产品结构	自营委外占比,净值型产品、期次型产品、T+0产品占比
	理财期限	期限结构	期限结构多样化情况
		到期集中度	期次型产品发行占比
市场表现	规模收入	规模收入	存量、流量规模及理财收入情况
	理财收益	理财收益	新发、到期及净值型产品收益
产品风险	风险等级	风险加权	各行理财产品风险等级加权
	收益风险	预期收益	理财产品预期收益实现率
		收益均值	银行公布的理财产品预期收益实现均值

二　主要银行发行情况

根据银监会关于银行理财业务的统计口径,通常采用5家国有商业银行、12家股份制商业银行和中国邮政储蓄银行反映理财产品发行情况。

(一)产品规模

表8-2　2016年18家银行理财产品规模

单位:亿元

银行名称	产品存量规模	产品流量规模
工商银行	27000.00	58000.00
招商银行	21630.00	163128.00
建设银行	21249.98	72408.08
农业银行	16431.06	212903.80
浦发银行	16400.00	86000.00

续表

银行名称	产品存量规模	产品流量规模
中国银行	15120.93	79804.39
交通银行	14503.70	244451.20
民生银行	14278.16	49204.22
兴业银行	13831.00	102865.00
光大银行	13547.62	40191.43
中信银行	10312.93	54332.16
平安银行	9264.00	93927.00
邮储银行	8197.00	20211.56
华夏银行	7455.33	23748.20
广发银行	4958.60	18263.95
浙商银行	4292.06	5678.21
渤海银行	3705.99	5786.32
恒丰银行	2821.03	3909.08
总　计	224999.39	1334812.54

数据显示，2016 年 18 家银行理财产品存续余额占全部发行机构的 77.45%，存量规模同比增长 18.28%；累计募集资金占发行机构的 79.45%，流量规模同比增长 9.7%。由此可见，我国银行业理财业务呈稳健发展态势，规模持续增长。

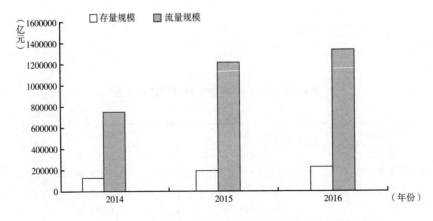

图 8-1　2014~2016 年我国主要银行金融机构理财业务发展走势

（二）投资者收益

我国主要商业银行的理财产品投资者收益情况详见表 8-3。

表 8-3 2016 年主要商业银行理财产品投资者收益情况

单位：亿元，%

银行名称	创造收益	到期收益率
中国工商银行	1261.00	3.85
上海浦东发展银行	638.80	4.40
招商银行	618.00	4.00
中国光大银行	582.68	4.15
交通银行	577.55	3.53
中国农业银行	567.42	3.53
中国建设银行	557.58	4.50
中国银行	497.84	3.37
兴业银行	487.53	3.97
中国民生银行	414.50	3.65
中信银行	380.71	3.76
平安银行	321.00	3.23
华夏银行	252.75	3.88
中国邮政储蓄银行	224.81	4.43
广东发展银行	159.68	3.60
浙商银行	96.31	4.51
渤海银行	81.00	4.29
恒丰银行	57.82	4.16
总　计	7776.98	3.93（均值）

统计显示，2016 年 18 家银行兑付客户收益占银行业金融机构的 79.57%，为客户创造收益同比增长 9.11%，我国银行理财业务已成为支持实体经济发展的重要推手和服务城镇居民财富增值的主力军。

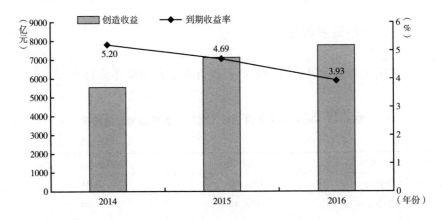

图 8－2　2014～2016 年我国主要商业银行到期收益率及为客户创造收益走势

三　理财业务排名

分析 228 家银行（含农信社）报送的 2016 年统计数据，并根据合规管理、业务创新、市场表现和产品风险中所包含的 56 个最终指标，计量出所有参评银行的综合理财能力，按照降序对各行统一排列，最终得出理财业务各项排名前 20 名。

（一）最佳综合理财能力奖

表 8－4　综合理财能力前 20 名排序

序　号	银行名称	序　号	银行名称
1	中国工商银行	6	交通银行
2	中国农业银行	7	兴业银行
3	招商银行	8	中国银行
4	上海浦东发展银行	9	中国光大银行
5	中国建设银行	10	江苏银行

续表

序　号	银行名称	序　号	银行名称
11	南京银行	16	江西银行
12	平安银行	17	中信银行
13	广发银行	18	青岛银行
14	北京银行	19	贵阳银行
15	浙商银行	20	徽商银行

结果显示，中国工商银行理财综合能力仍位居行业首位，中国农业银行、招商银行和上海浦东发展银行等在行业内综合理财能力也表现不俗。

（二）最佳收益奖

表 8 - 5　理财收益前 20 名排序

序　号	银行名称	序　号	银行名称
1	中国工商银行	11	兴业银行
2	上海浦东发展银行	12	中国邮政储蓄银行
3	中国建设银行	13	交通银行
4	江西银行	14	中国农业银行
5	广州农村商业银行	15	贵阳银行
6	中国光大银行	16	焦作中旅银行
7	温州银行	17	洛阳银行
8	招商银行	18	南京银行
9	金华银行	19	浙商银行
10	唐山银行	20	营口银行

结果显示，2016 年国有、股份制、城商行和农商行理财产品均表现出较好的投资回报能力，为投资者实现了良好的投资收益。

（三）最佳创新奖

表 8-6 理财创新能力前 20 名排序

序　号	银行名称	序　号	银行名称
1	中国工商银行	11	中国建设银行
2	招商银行	12	中国银行
3	上海浦东发展银行	13	中国农业银行
4	中国民生银行	14	江西银行
5	中国光大银行	15	桂林银行
6	交通银行	16	南京银行
7	广发银行	17	郑州银行
8	兴业银行	18	中信银行
9	平安银行	19	泰安银行
10	江苏银行	20	晋城银行

结果显示，国有和股份制商业银行理财创新能力领先行业水平，江苏银行等众多城市商业银行也在加大创新力度，以产品创新助推理财业务快速发展。

（四）最佳合规奖

表 8-7 理财业务合规性前 20 名排序

序　号	银行名称	序　号	银行名称
1	南京银行	8	江苏银行
2	东莞农村商业银行	9	中国农业银行
3	浙商银行	10	中国银行
4	厦门农村商业银行	11	兴业银行
5	厦门银行	12	中国光大银行
6	中国工商银行	13	兰州银行
7	长安银行	14	交通银行

序 号	银行名称	序 号	银行名称
15	平安银行	18	江西银行
16	宁夏银行	19	招商银行
17	上海浦东发展银行	20	北京银行

评价显示，南京银行的理财产品期限结构及监管合规居行业首位，东莞农村商业银行、浙商银行、厦门农村商业银行、厦门银行等各家银行理财产品期限结构设计也较为科学合理。

（五）最佳社会贡献奖

表 8-8　理财业务社会贡献前 20 名排序

序 号	银行名称	序 号	银行名称
1	中国工商银行	11	中国银行
2	中国农业银行	12	兴业银行
3	包商银行	13	中国民生银行
4	青岛银行	14	中信银行
5	上海浦东发展银行	15	贵阳农村商业银行
6	招商银行	16	成都农商银行
7	中国光大银行	17	广东南粤银行
8	中国建设银行	18	平安银行
9	交通银行	19	青海银行
10	江西银行	20	华夏银行

结果显示，中国工商银行、中国农业银行在理财社会贡献度方面位居前列，并且 2016 年国有银行、股份制银行、城商行和农商行均表现出良好的服务实体经济能力，为我国经济社会发展做出了突出贡献。

（六）最佳风控奖

表 8－9　理财业务风险控制前 20 名排序

序　号	银行名称	序　号	银行名称
1	中信银行	11	中国工商银行
2	广发银行	12	招商银行
3	中国银行	13	富邦华一银行
4	中国农业银行	14	中国建设银行
5	平安银行	15	兴业银行
6	渤海银行	16	中国农业发展银行
7	上海浦东发展银行	17	三菱东京日联银行
8	中国光大银行	18	交通银行
9	中国邮政储蓄银行	19	东亚银行
10	浙商银行	20	浙江稠州商业银行

　　结果显示，中信银行理财产品风控能力连续两年位列第一，并且以其为代表的股份制商业银行，以及以东亚银行为代表的外资银行都具有较强的产品风控能力。

（七）最佳转型奖

表 8－10　理财产品转型能力前 20 名排序

序　号	银行名称	序　号	银行名称
1	中国工商银行	8	中国民生银行
2	渣打银行	9	平安银行
3	贵阳银行	10	广东南粤银行
4	中国光大银行	11	中国农业银行
5	北京银行	12	南京银行
6	招商银行	13	中信银行
7	上海浦东发展银行	14	中国邮政储蓄银行

序　号	银行名称	序　号	银行名称
15	华夏银行	18	渤海银行
16	江苏银行	19	恒丰银行
17	兴业银行	20	河北银行

结果显示，中国工商银行、渣打银行净值型产品占比及净值型产品收益率最高，理财产品转型能力位居行业前列，并且城市商业银行理财业务转型能力同比不断提高。

（八）最佳城商行奖

表 8 - 11　城市商业银行综合理财能力前 20 名排序

序　号	银行名称	序　号	银行名称
1	江苏银行	11	桂林银行
2	南京银行	12	徽商银行
3	北京银行	13	长安银行
4	江西银行	14	郑州银行
5	青岛银行	15	晋城银行
6	贵阳银行	16	厦门银行
7	河北银行	17	泰安银行
8	包商银行	18	宁夏银行
9	广东南粤银行	19	日照银行
10	宁波银行	20	盛京银行

结果显示，江苏银行在城市商业银行中综合理财能力最强，位居行业首位，南京银行、北京银行、江西银行、青岛银行等城商行均表现出较高的综合理财能力。

（九）最佳农商行奖

表 8–12 农村商业银行综合理财能力前 20 名排序

序　号	银行名称	序　号	银行名称
1	广东顺德农村商业银行	11	山西榆次农村商业银行
2	厦门农村商业银行	12	山西平遥农村商业银行
3	天津农村商业银行	13	贵阳农村商业银行
4	东莞农村商业银行	14	山西运城农村商业银行
5	北京农村商业银行	15	浙江绍兴瑞丰农村商业银行
6	上海农村商业银行	16	南昌农村商业银行
7	广州农村商业银行	17	浙江温州鹿城农村商业银行
8	重庆农村商业银行	18	长治潞州农村商业银行
9	泽州农村商业银行	19	海口农村商业银行
10	宁波鄞州农村商业银行	20	广东南海农村商业银行

结果显示，广东顺德农村商业银行在农商行中综合理财能力最强，居农村商业银行首位，厦门农村商业银行、天津农村商业银行、东莞农村商业银行、北京农商银行等表现突出，显示出较高的综合理财能力。

附　录

关于全面推开营业税改征增值税试点的通知

(财税〔2016〕36 号)

各省、自治区、直辖市、计划单列市财政厅 (局)、国家税务局、地方税务局,新疆生产建设兵团财务局:

经国务院批准,自 2016 年 5 月 1 日起,在全国范围内全面推开营业税改征增值税(以下称营改增)试点,建筑业、房地产业、金融业、生活服务业等全部营业税纳税人,纳入试点范围,由缴纳营业税改为缴纳增值税。现将《营业税改征增值税试点实施办法》、《营业税改征增值税试点有关事项的规定》、《营业税改征增值税试点过渡政策的规定》和《跨境应税行为适用增值税零税率和免税政策的规定》印发你们,请遵照执行。

本通知附件规定的内容,除另有规定执行时间外，自 2016 年 5 月 1 日起执行。《财政部　国家税务总局关于将铁路运输和邮政业纳入营业税改征增值税试点的通知》（财税〔2013〕106 号）、《财政部　国家税务总局关于铁路运输和邮政业营业税改征增值税试点有关政策的补充通知》（财税〔2013〕121 号）、《财政部　国家税务总局关于将电信业纳入营业税改征增值税试点的通知》（财税〔2014〕43 号）、《财政部　国家税务总局关于国际水路运输增值税零税率政策的补充通知》（财税〔2014〕50 号）和《财政部　国家税务总局关于影视等出口服务适用增值税零税率政策的通知》（财税〔2015〕118 号），除另有规定的条款外，相应废止。

各地要高度重视营改增试点工作，切实加强试点工作的组织领导，周密安排，明确责任，采取各种有效措施，做好试点前的各项准备以及试点过程中的监测分析和宣传解释等工作，确保改革的平稳、有序、顺利进行。遇到问题请及时向财政部和国家税务总局反映。

附件：1. 营业税改征增值税试点实施办法

2. 营业税改征增值税试点有关事项的规定

3. 营业税改征增值税试点过渡政策的规定

4. 跨境应税行为适用增值税零税率和免税政策的规定

附件 1：

营业税改征增值税试点实施办法

第一章　纳税人和扣缴义务人

第一条　在中华人民共和国境内（以下称境内）销售服务、无形资产或者不动产（以下称应税行为）的单位和个人，为增值税纳税人，应当按照本办法缴纳增值税，不缴纳营业税。

单位，是指企业、行政单位、事业单位、军事单位、社会团体及其他单位。

个人，是指个体工商户和其他个人。

第二条　单位以承包、承租、挂靠方式经营的，承包人、承租人、挂靠人（以下统称承包人）以发包人、出租人、被挂靠人（以下统称发包人）名义对外经营并由发包人承担相关法律责任的，以该发包人为纳税人。否则，以承包人为纳税人。

第三条　纳税人分为一般纳税人和小规模纳税人。

应税行为的年应征增值税销售额（以下称应税销售额）超过财政部和国家税务总局规定标准的纳税人为一般纳税人，未超过规定标准的纳税人为小规模纳税人。

年应税销售额超过规定标准的其他个人不属于一般纳税人。年应税销售额超过规定标准但不经常发生应税行为的单位和个体工商户可选择按照小规模纳税人纳税。

第四条　年应税销售额未超过规定标准的纳税人，会计核算健全，能够提供准确税务资料的，可以向主管税务机关办理一般纳税人资格登记，成为一般纳税人。

会计核算健全，是指能够按照国家统一的会计制度规定设置账簿，根据合法、有效凭证核算。

第五条 符合一般纳税人条件的纳税人应当向主管税务机关办理一般纳税人资格登记。具体登记办法由国家税务总局制定。

除国家税务总局另有规定外，一经登记为一般纳税人后，不得转为小规模纳税人。

第六条 中华人民共和国境外（以下称境外）单位或者个人在境内发生应税行为，在境内未设有经营机构的，以购买方为增值税扣缴义务人。财政部和国家税务总局另有规定的除外。

第七条 两个或者两个以上的纳税人，经财政部和国家税务总局批准可以视为一个纳税人合并纳税。具体办法由财政部和国家税务总局另行制定。

第八条 纳税人应当按照国家统一的会计制度进行增值税会计核算。

第二章 征税范围

第九条 应税行为的具体范围，按照本办法所附的《销售服务、无形资产、不动产注释》执行。

第十条 销售服务、无形资产或者不动产，是指有偿提供服务、有偿转让无形资产或者不动产，但属于下列非经营活动的情形除外：

（一）行政单位收取的同时满足以下条件的政府性基金或者行政事业性收费。

1. 由国务院或者财政部批准设立的政府性基金，由国务院或者省级人民政府及其财政、价格主管部门批准设立的行政事业性收费；

2. 收取时开具省级以上（含省级）财政部门监（印）制的财政票据；

3. 所收款项全额上缴财政。

（二）单位或者个体工商户聘用的员工为本单位或者雇主提供取得工资的服务。

（三）单位或者个体工商户为聘用的员工提供服务。

（四）财政部和国家税务总局规定的其他情形。

第十一条　有偿，是指取得货币、货物或者其他经济利益。

第十二条　在境内销售服务、无形资产或者不动产，是指：

（一）服务（租赁不动产除外）或者无形资产（自然资源使用权除外）的销售方或者购买方在境内；

（二）所销售或者租赁的不动产在境内；

（三）所销售自然资源使用权的自然资源在境内；

（四）财政部和国家税务总局规定的其他情形。

第十三条　下列情形不属于在境内销售服务或者无形资产：

（一）境外单位或者个人向境内单位或者个人销售完全在境外发生的服务。

（二）境外单位或者个人向境内单位或者个人销售完全在境外使用的无形资产。

（三）境外单位或者个人向境内单位或者个人出租完全在境外使用的有形动产。

（四）财政部和国家税务总局规定的其他情形。

第十四条　下列情形视同销售服务、无形资产或者不动产：

（一）单位或者个体工商户向其他单位或者个人无偿提供服务，但用于公益事业或者以社会公众为对象的除外。

（二）单位或者个人向其他单位或者个人无偿转让无形资产或者不动产，但用于公益事业或者以社会公众为对象的除外。

（三）财政部和国家税务总局规定的其他情形。

第三章　税率和征收率

第十五条　增值税税率：

（一）纳税人发生应税行为，除本条第（二）项、第（三）项、第（四）项规定外，税率为6%。

（二）提供交通运输、邮政、基础电信、建筑、不动产租赁服务，销售不动产，转让土地使用权，税率为11%。

（三）提供有形动产租赁服务，税率为17%。

（四）境内单位和个人发生的跨境应税行为，税率为零。具体范围由财政部和国家税务总局另行规定。

第十六条　增值税征收率为3%，财政部和国家税务总局另有规定的除外。

第四章　应纳税额的计算

第一节　一般性规定

第十七条　增值税的计税方法，包括一般计税方法和简易计税方法。

第十八条　一般纳税人发生应税行为适用一般计税方法计税。

一般纳税人发生财政部和国家税务总局规定的特定应税行为，可以选择适用简易计税方法计税，但一经选择，36个月内不得变更。

第十九条　小规模纳税人发生应税行为适用简易计税方法计税。

第二十条　境外单位或者个人在境内发生应税行为，在境内未设有经营机构的，扣缴义务人按照下列公式计算应扣缴税额：

$$应扣缴税额 = 购买方支付的价款 \div (1 + 税率) \times 税率$$

第二节　一般计税方法

第二十一条　一般计税方法的应纳税额，是指当期销项税额抵扣当期进项税额后的余额。应纳税额计算公式：

$$应纳税额 = 当期销项税额 - 当期进项税额$$

当期销项税额小于当期进项税额不足抵扣时，其不足部分可以结转下期继续抵扣。

第二十二条　销项税额，是指纳税人发生应税行为按照销售额和增值税税率计算并收取的增值税额。销项税额计算公式：

$$销项税额 = 销售额 \times 税率$$

第二十三条　一般计税方法的销售额不包括销项税额，纳税人采用销售额和销项税额合并定价方法的，按照下列公式计算销售额：

$$销售额 = 含税销售额 \div (1 + 税率)$$

第二十四条　进项税额，是指纳税人购进货物、加工修理修配劳务、服务、无形资产或者不动产，支付或者负担的增值税额。

第二十五条　下列进项税额准予从销项税额中抵扣：

（一）从销售方取得的增值税专用发票（含税控机动车销售统一发票，下同）上注明的增值税额。

（二）从海关取得的海关进口增值税专用缴款书上注明的增值税额。

（三）购进农产品，除取得增值税专用发票或者海关进口增值税专用缴款书外，按照农产品收购发票或者销售发票上注明的农产品买价和 13% 的扣除率计算的进项税额。计算公式为：

$$进项税额 = 买价 × 扣除率$$

买价，是指纳税人购进农产品在农产品收购发票或者销售发票上注明的价款和按照规定缴纳的烟叶税。

购进农产品，按照《农产品增值税进项税额核定扣除试点实施办法》抵扣进项税额的除外。

（四）从境外单位或者个人购进服务、无形资产或者不动产，自税务机关或者扣缴义务人取得的解缴税款的完税凭证上注明的增值税额。

第二十六条 纳税人取得的增值税扣税凭证不符合法律、行政法规或者国家税务总局有关规定的，其进项税额不得从销项税额中抵扣。

增值税扣税凭证，是指增值税专用发票、海关进口增值税专用缴款书、农产品收购发票、农产品销售发票和完税凭证。

纳税人凭完税凭证抵扣进项税额的，应当具备书面合同、付款证明和境外单位的对账单或者发票。资料不全的，其进项税额不得从销项税额中抵扣。

第二十七条 下列项目的进项税额不得从销项税额中抵扣：

（一）用于简易计税方法计税项目、免征增值税项目、集体福利或者个人消费的购进货物、加工修理修配劳务、服务、无形资产和不动产。其中涉及的固定资产、无形资产、不动产，仅指专用于上述项目的固定资产、无形资产（不包括其他权益性无形资产）、不动产。

纳税人的交际应酬消费属于个人消费。

（二）非正常损失的购进货物，以及相关的加工修理修配劳务和交通运输服务。

（三）非正常损失的在产品、产成品所耗用的购进货物（不包括固定资产）、加工修理修配劳务和交通运输服务。

（四）非正常损失的不动产，以及该不动产所耗用的购进货物、设计服务和建筑服务。

（五）非正常损失的不动产在建工程所耗用的购进货物、设计服务和建筑服务。

纳税人新建、改建、扩建、修缮、装饰不动产，均属于不动产在建工程。

（六）购进的旅客运输服务、贷款服务、餐饮服务、居民日常服务和娱乐服务。

（七）财政部和国家税务总局规定的其他情形。

本条第（四）项、第（五）项所称货物，是指构成不动产实体的材料和设备，包括建筑装饰材料和给排水、采暖、卫生、通风、照明、通讯、煤气、消防、中央空调、电梯、电气、智能化楼宇设备及配套设施。

第二十八条　不动产、无形资产的具体范围，按照本办法所附的《销售服务、无形资产或者不动产注释》执行。

固定资产，是指使用期限超过 12 个月的机器、机械、运输工具以及其他与生产经营有关的设备、工具、器具等有形动产。

非正常损失，是指因管理不善造成货物被盗、丢失、霉烂变质，以及因违反法律法规造成货物或者不动产被依法没收、销毁、拆除的情形。

第二十九条 适用一般计税方法的纳税人，兼营简易计税方法计税项目、免征增值税项目而无法划分不得抵扣的进项税额，按照下列公式计算不得抵扣的进项税额：

不得抵扣的进项税额 = 当期无法划分的全部进项税额 ×（当期简易计税方法计税项目销售额 + 免征增值税项目销售额）÷ 当期全部销售额

主管税务机关可以按照上述公式依据年度数据对不得抵扣的进项税额进行清算。

第三十条 已抵扣进项税额的购进货物（不含固定资产）、劳务、服务，发生本办法第二十七条规定情形（简易计税方法计税项目、免征增值税项目除外）的，应当将该进项税额从当期进项税额中扣减；无法确定该进项税额的，按照当期实际成本计算应扣减的进项税额。

第三十一条 已抵扣进项税额的固定资产、无形资产或者不动产，发生本办法第二十七条规定情形的，按照下列公式计算不得抵扣的进项税额：

不得抵扣的进项税额 = 固定资产、无形资产或者不动产净值 × 适用税率

固定资产、无形资产或者不动产净值，是指纳税人根据财务会计制度计提折旧或摊销后的余额。

第三十二条 纳税人适用一般计税方法计税的，因销售折让、中止或者退回而退还给购买方的增值税额，应当从当期的销项税额中扣

减；因销售折让、中止或者退回而收回的增值税额，应当从当期的进项税额中扣减。

第三十三条　有下列情形之一者，应当按照销售额和增值税税率计算应纳税额，不得抵扣进项税额，也不得使用增值税专用发票：

（一）一般纳税人会计核算不健全，或者不能够提供准确税务资料的。

（二）应当办理一般纳税人资格登记而未办理的。

第三节　简易计税方法

第三十四条　简易计税方法的应纳税额，是指按照销售额和增值税征收率计算的增值税额，不得抵扣进项税额。应纳税额计算公式：

$$应纳税额 = 销售额 \times 征收率$$

第三十五条　简易计税方法的销售额不包括其应纳税额，纳税人采用销售额和应纳税额合并定价方法的，按照下列公式计算销售额：

$$销售额 = 含税销售额 \div (1 + 征收率)$$

第三十六条　纳税人适用简易计税方法计税的，因销售折让、中止或者退回而退还给购买方的销售额，应当从当期销售额中扣减。扣减当期销售额后仍有余额造成多缴的税款，可以从以后的应纳税额中扣减。

第四节　销售额的确定

第三十七条　销售额，是指纳税人发生应税行为取得的全部价款和价外费用，财政部和国家税务总局另有规定的除外。

价外费用，是指价外收取的各种性质的收费，但不包括以下项目：

（一）代为收取并符合本办法第十条规定的政府性基金或者行政事业性收费。

（二）以委托方名义开具发票代委托方收取的款项。

第三十八条 销售额以人民币计算。

纳税人按照人民币以外的货币结算销售额的，应当折合成人民币计算，折合率可以选择销售额发生的当天或者当月 1 日的人民币汇率中间价。纳税人应当在事先确定采用何种折合率，确定后 12 个月内不得变更。

第三十九条 纳税人兼营销售货物、劳务、服务、无形资产或者不动产，适用不同税率或者征收率的，应当分别核算适用不同税率或者征收率的销售额；未分别核算的，从高适用税率。

第四十条 一项销售行为如果既涉及服务又涉及货物，为混合销售。从事货物的生产、批发或者零售的单位和个体工商户的混合销售行为，按照销售货物缴纳增值税；其他单位和个体工商户的混合销售行为，按照销售服务缴纳增值税。

本条所称从事货物的生产、批发或者零售的单位和个体工商户，包括以从事货物的生产、批发或者零售为主，兼营销售服务的单位和个体工商户在内。

第四十一条 纳税人兼营免税、减税项目的，应当分别核算免税、减税项目的销售额；未分别核算的，不得免税、减税。

第四十二条 纳税人发生应税行为，开具增值税专用发票后，发生开票有误或者销售折让、中止、退回等情形的，应当按照国家税务总局的规定开具红字增值税专用发票；未按照规定开具红字增值税专用发票的，不得按照本办法第三十二条和第三十六条的规定扣减销项税额或者销售额。

第四十三条　纳税人发生应税行为，将价款和折扣额在同一张发票上分别注明的，以折扣后的价款为销售额；未在同一张发票上分别注明的，以价款为销售额，不得扣减折扣额。

第四十四条　纳税人发生应税行为价格明显偏低或者偏高且不具有合理商业目的的，或者发生本办法第十四条所列行为而无销售额的，主管税务机关有权按照下列顺序确定销售额：

（一）按照纳税人最近时期销售同类服务、无形资产或者不动产的平均价格确定。

（二）按照其他纳税人最近时期销售同类服务、无形资产或者不动产的平均价格确定。

（三）按照组成计税价格确定。组成计税价格的公式为：

$$组成计税价格 = 成本 × （1 + 成本利润率）$$

成本利润率由国家税务总局确定。

不具有合理商业目的，是指以谋取税收利益为主要目的，通过人为安排，减少、免除、推迟缴纳增值税税款，或者增加退还增值税税款。

第五章　纳税义务、扣缴义务发生时间和纳税地点

第四十五条　增值税纳税义务、扣缴义务发生时间为：

（一）纳税人发生应税行为并收讫销售款项或者取得索取销售款项凭据的当天；先开具发票的，为开具发票的当天。

收讫销售款项，是指纳税人销售服务、无形资产、不动产过程中

或者完成后收到款项。

取得索取销售款项凭据的当天，是指书面合同确定的付款日期；未签订书面合同或者书面合同未确定付款日期的，为服务、无形资产转让完成的当天或者不动产权属变更的当天。

（二）纳税人提供建筑服务、租赁服务采取预收款方式的，其纳税义务发生时间为收到预收款的当天。

（三）纳税人从事金融商品转让的，为金融商品所有权转移的当天。

（四）纳税人发生本办法第十四条规定情形的，其纳税义务发生时间为服务、无形资产转让完成的当天或者不动产权属变更的当天。

（五）增值税扣缴义务发生时间为纳税人增值税纳税义务发生的当天。

第四十六条　增值税纳税地点为：

（一）固定业户应当向其机构所在地或者居住地主管税务机关申报纳税。总机构和分支机构不在同一县（市）的，应当分别向各自所在地的主管税务机关申报纳税；经财政部和国家税务总局或者其授权的财政和税务机关批准，可以由总机构汇总向总机构所在地的主管税务机关申报纳税。

（二）非固定业户应当向应税行为发生地主管税务机关申报纳税；未申报纳税的，由其机构所在地或者居住地主管税务机关补征税款。

（三）其他个人提供建筑服务、销售或者租赁不动产，转让自然资源使用权，应向建筑服务发生地、不动产所在地、自然资源所在地主管税务机关申报纳税。

（四）扣缴义务人应当向其机构所在地或者居住地主管税务机关

申报缴纳扣缴的税款。

第四十七条　增值税的纳税期限分别为 1 日、3 日、5 日、10 日、15 日、1 个月或者 1 个季度。纳税人的具体纳税期限，由主管税务机关根据纳税人应纳税额的大小分别核定。以 1 个季度为纳税期限的规定适用于小规模纳税人、银行、财务公司、信托投资公司、信用社，以及财政部和国家税务总局规定的其他纳税人。不能按照固定期限纳税的，可以按次纳税。

纳税人以 1 个月或者 1 个季度为 1 个纳税期的，自期满之日起 15 日内申报纳税；以 1 日、3 日、5 日、10 日或者 15 日为 1 个纳税期的，自期满之日起 5 日内预缴税款，于次月 1 日起 15 日内申报纳税并结清上月应纳税款。

扣缴义务人解缴税款的期限，按照前两款规定执行。

第六章　税收减免的处理

第四十八条　纳税人发生应税行为适用免税、减税规定的，可以放弃免税、减税，依照本办法的规定缴纳增值税。放弃免税、减税后，36 个月内不得再申请免税、减税。

纳税人发生应税行为同时适用免税和零税率规定的，纳税人可以选择适用免税或者零税率。

第四十九条　个人发生应税行为的销售额未达到增值税起征点的，免征增值税；达到起征点的，全额计算缴纳增值税。

增值税起征点不适用于登记为一般纳税人的个体工商户。

第五十条　增值税起征点幅度如下：

（一）按期纳税的，为月销售额 5000 ~ 20000 元（含本数）。

（二）按次纳税的，为每次（日）销售额 300 ～ 500 元（含本数）。

起征点的调整由财政部和国家税务总局规定。省、自治区、直辖市财政厅（局）和国家税务局应当在规定的幅度内，根据实际情况确定本地区适用的起征点，并报财政部和国家税务总局备案。

对增值税小规模纳税人中月销售额未达到 2 万元的企业或非企业性单位，免征增值税。2017 年 12 月 31 日前，对月销售额 2 万元（含本数）至 3 万元的增值税小规模纳税人，免征增值税。

第七章　征收管理

第五十一条　营业税改征的增值税，由国家税务局负责征收。纳税人销售取得的不动产和其他个人出租不动产的增值税，国家税务局暂委托地方税务局代为征收。

第五十二条　纳税人发生适用零税率的应税行为，应当按期向主管税务机关申报办理退（免）税，具体办法由财政部和国家税务总局制定。

第五十三条　纳税人发生应税行为，应当向索取增值税专用发票的购买方开具增值税专用发票，并在增值税专用发票上分别注明销售额和销项税额。

属于下列情形之一的，不得开具增值税专用发票：

（一）向消费者个人销售服务、无形资产或者不动产。

（二）适用免征增值税规定的应税行为。

第五十四条　小规模纳税人发生应税行为，购买方索取增值税专用发票的，可以向主管税务机关申请代开。

第五十五条　纳税人增值税的征收管理，按照本办法和《中华人民共和国税收征收管理法》及现行增值税征收管理有关规定执行。

附：销售服务、无形资产、不动产注释

附：

销售服务、无形资产、不动产注释

一、销售服务

销售服务，是指提供交通运输服务、邮政服务、电信服务、建筑服务、金融服务、现代服务、生活服务。

（一）交通运输服务。

交通运输服务，是指利用运输工具将货物或者旅客送达目的地，使其空间位置得到转移的业务活动，包括陆路运输服务、水路运输服务、航空运输服务和管道运输服务。

1. 陆路运输服务。

陆路运输服务，是指通过陆路（地上或者地下）运送货物或者旅客的运输业务活动，包括铁路运输服务和其他陆路运输服务。

（1）铁路运输服务，是指通过铁路运送货物或者旅客的运输业务活动。

（2）其他陆路运输服务，是指铁路运输以外的陆路运输业务活动，包括公路运输、缆车运输、索道运输、地铁运输、城市轻轨运输等。

出租车公司向使用本公司自有出租车的出租车司机收取的管理费用，按照陆路运输服务缴纳增值税。

2. 水路运输服务。

水路运输服务，是指通过江、河、湖、川等天然、人工水道或者海洋航道运送货物或者旅客的运输业务活动。

水路运输的程租、期租业务，属于水路运输服务。

程租业务，是指运输企业为租船人完成某一特定航次的运输任务并收取租赁费的业务。

期租业务，是指运输企业将配备有操作人员的船舶承租给他人使用一定期限，承租期内听候承租方调遣，不论是否经营，均按天向承租方收取租赁费，发生的固定费用均由船东负担的业务。

3. 航空运输服务。

航空运输服务，是指通过空中航线运送货物或者旅客的运输业务活动。

航空运输的湿租业务，属于航空运输服务。

湿租业务，是指航空运输企业将配备有机组人员的飞机承租给他人使用一定期限，承租期内听候承租方调遣，不论是否经营，均按一定标准向承租方收取租赁费，发生的固定费用均由承租方承担的业务。

航天运输服务，按照航空运输服务缴纳增值税。

航天运输服务，是指利用火箭等载体将卫星、空间探测器等空间飞行器发射到空间轨道的业务活动。

4. 管道运输服务。

管道运输服务，是指通过管道设施输送气体、液体、固体物质的运输业务活动。

无运输工具承运业务，按照交通运输服务缴纳增值税。

无运输工具承运业务，是指经营者以承运人身份与托运人签订运输服务合同，收取运费并承担承运人责任，然后委托实际承运人完成运输服务的经营活动。

（二）邮政服务。

邮政服务，是指中国邮政集团公司及其所属邮政企业提供邮件寄递、邮政汇兑和机要通信等邮政基本服务的业务活动。包括邮政普遍服务、邮政特殊服务和其他邮政服务。

1. 邮政普遍服务。

邮政普遍服务，是指函件、包裹等邮件寄递，以及邮票发行、报刊发行和邮政汇兑等业务活动。

函件，是指信函、印刷品、邮资封片卡、无名址函件和邮政小包等。

包裹，是指按照封装上的名址递送给特定个人或者单位的独立封装的物品，其重量不超过五十千克，任何一边的尺寸不超过一百五十厘米，长、宽、高合计不超过三百厘米。

2. 邮政特殊服务。

邮政特殊服务，是指义务兵平常信函、机要通信、盲人读物和革命烈士遗物的寄递等业务活动。

3. 其他邮政服务。

其他邮政服务，是指邮册等邮品销售、邮政代理等业务活动。

（三）电信服务。

电信服务，是指利用有线、无线的电磁系统或者光电系统等各种通信网络资源，提供语音通话服务，传送、发射、接收或者应用图像、短信等电子数据和信息的业务活动，包括基础电信服务和增值电信服务。

1. 基础电信服务。

基础电信服务，是指利用固网、移动网、卫星、互联网，提供语音通话服务的业务活动，以及出租或者出售带宽、波长等网络元素的业务活动。

2. 增值电信服务。

增值电信服务，是指利用固网、移动网、卫星、互联网、有线电视网络，提供短信和彩信服务、电子数据和信息的传输及应用服务、互联网接入服务等业务活动。

卫星电视信号落地转接服务，按照增值电信服务缴纳增值税。

（四）建筑服务。

建筑服务，是指各类建筑物、构筑物及其附属设施的建造、修缮、装饰，线路、管道、设备、设施等的安装以及其他工程作业的业务活动，包括工程服务、安装服务、修缮服务、装饰服务和其他建筑服务。

1. 工程服务。

工程服务，是指新建、改建各种建筑物、构筑物的工程作业，包括与建筑物相连的各种设备或者支柱、操作平台的安装或者装设工程作业，以及各种窑炉和金属结构工程作业。

2. 安装服务。

安装服务，是指生产设备、动力设备、起重设备、运输设备、传动设备、医疗实验设备以及其他各种设备、设施的装配、安置工程作业，包括与被安装设备相连的工作台、梯子、栏杆的装设工程作业，以及被安装设备的绝缘、防腐、保温、油漆等工程作业。

固定电话、有线电视、宽带、水、电、燃气、暖气等经营者向用户收取的安装费、初装费、开户费、扩容费以及类似收费，按照安装服务缴纳增值税。

3. 修缮服务。

修缮服务，是指对建筑物、构筑物进行修补、加固、养护、改善，使之恢复原来的使用价值或者延长其使用期限的工程作业。

4. 装饰服务。

装饰服务，是指对建筑物、构筑物进行修饰装修，使之美观或者具有特定用途的工程作业。

5. 其他建筑服务。

其他建筑服务，是指上列工程作业之外的各种工程作业服务，如钻井（打井）、拆除建筑物或者构筑物、平整土地、园林绿化、疏浚（不包括航道疏浚）、建筑物平移、搭脚手架、爆破、矿山穿孔、表面附着物（包括岩层、土层、沙层等）剥离和清理等工程作业。

（五）金融服务。

金融服务，是指经营金融保险的业务活动。包括贷款服务、直接收费金融服务、保险服务和金融商品转让。

1. 贷款服务。

贷款，是指将资金贷与他人使用而取得利息收入的业务活动。

各种占用、拆借资金取得的收入，包括金融商品持有期间（含到期）利息（保本收益、报酬、资金占用费、补偿金等）收入、信用卡透支利息收入、买入返售金融商品利息收入、融资融券收取的利息收入，以及融资性售后回租、押汇、罚息、票据贴现、转贷等业务取得的利息及利息性质的收入，按照贷款服务缴纳增值税。

融资性售后回租，是指承租方以融资为目的，将资产出售给从事融资性售后回租业务的企业后，从事融资性售后回租业务的企业将该资产出租给承租方的业务活动。

以货币资金投资收取的固定利润或者保底利润，按照贷款服务缴纳增值税。

2. 直接收费金融服务。

直接收费金融服务，是指为货币资金融通及其他金融业务提供相关服务并且收取费用的业务活动。包括提供货币兑换、账户管理、电子银行、信用卡、信用证、财务担保、资产管理、信托管理、基金管理、金融交易场所（平台）管理、资金结算、资金清算、金融支付等服务。

3. 保险服务。

保险服务，是指投保人根据合同约定，向保险人支付保险费，保险人对于合同约定的可能发生的事故因其发生所造成的财产损失承担赔偿保险金责任，或者当被保险人死亡、伤残、疾病或者达到合同约定的年龄、期限等条件时承担给付保险金责任的商业保险行为。包括人身保险服务和财产保险服务。

人身保险服务，是指以人的寿命和身体为保险标的的保险业务活动。

财产保险服务，是指以财产及其有关利益为保险标的的保险业务活动。

4. 金融商品转让。

金融商品转让，是指转让外汇、有价证券、非货物期货和其他金融商品所有权的业务活动。

其他金融商品转让包括基金、信托、理财产品等各类资产管理产品和各种金融衍生品的转让。

（六）现代服务。

现代服务，是指围绕制造业、文化产业、现代物流产业等提供技术性、知识性服务的业务活动。包括研发和技术服务、信息技术服务、文化创意服务、物流辅助服务、租赁服务、鉴证咨询服务、广播影视服务、商务辅助服务和其他现代服务。

1. 研发和技术服务。

研发和技术服务，包括研发服务、合同能源管理服务、工程勘察勘探服务、专业技术服务。

（1）研发服务，也称技术开发服务，是指就新技术、新产品、新工艺或者新材料及其系统进行研究与试验开发的业务活动。

（2）合同能源管理服务，是指节能服务公司与用能单位以契约形式约定节能目标，节能服务公司提供必要的服务，用能单位以节能效果支付节能服务公司投入及其合理报酬的业务活动。

（3）工程勘察勘探服务，是指在采矿、工程施工前后，对地形、地质构造、地下资源蕴藏情况进行实地调查的业务活动。

（4）专业技术服务，是指气象服务、地震服务、海洋服务、测绘服务、城市规划、环境与生态监测服务等专项技术服务。

2. 信息技术服务。

信息技术服务，是指利用计算机、通信网络等技术对信息进行生产、收集、处理、加工、存储、运输、检索和利用，并提供信息服务的业务活动。包括软件服务、电路设计及测试服务、信息系统服务、业务流程管理服务和信息系统增值服务。

（1）软件服务，是指提供软件开发服务、软件维护服务、软件测试服务的业务活动。

（2）电路设计及测试服务，是指提供集成电路和电子电路产品设计、测试及相关技术支持服务的业务活动。

（3）信息系统服务，是指提供信息系统集成、网络管理、网站内容维护、桌面管理与维护、信息系统应用、基础信息技术管理平台整合、信息技术基础设施管理、数据中心、托管中心、信息安全服务、在线杀毒、虚拟主机等业务活动。包括网站对非自有的网络游戏提供的网络运营服务。

（4）业务流程管理服务，是指依托信息技术提供的人力资源管理、财务经济管理、审计管理、税务管理、物流信息管理、经营信息管理和呼叫中心等服务的活动。

（5）信息系统增值服务，是指利用信息系统资源为用户附加提供的信息技术服务。包括数据处理、分析和整合，数据库管理、数据备份、数据存储、容灾服务、电子商务平台等。

3. 文化创意服务。

文化创意服务，包括设计服务、知识产权服务、广告服务和会议展览服务。

（1）设计服务，是指把计划、规划、设想通过文字、语言、图画、声音、视觉等形式传递出来的业务活动。包括工业设计、内部管理设计、业务运作设计、供应链设计、造型设计、服装设计、环境设计、平面设计、包装设计、动漫设计、网游设计、展示设计、网站设计、机械设计、工程设计、广告设计、创意策划、文印晒图等。

（2）知识产权服务，是指处理知识产权事务的业务活动。包括对专利、商标、著作权、软件、集成电路布图设计的登记、鉴定、评估、认证、检索服务。

（3）广告服务，是指利用图书、报纸、杂志、广播、电视、电影、幻灯、路牌、招贴、橱窗、霓虹灯、灯箱、互联网等各种形式为客户的商品、经营服务项目、文体节目或者通告、声明等委托事项进行宣传和提供相关服务的业务活动。包括广告代理和广告的发布、播映、宣传、展示等。

（4）会议展览服务，是指为商品流通、促销、展示、经贸洽谈、民间交流、企业沟通、国际往来等举办或者组织安排的各类展览和会议的业务活动。

4. 物流辅助服务。

物流辅助服务，包括航空服务、港口码头服务、货运客运场站服务、打捞救助服务、装卸搬运服务、仓储服务和收派服务。

（1）航空服务，包括航空地面服务和通用航空服务。

航空地面服务，是指航空公司、飞机场、民航管理局、航站等向在境内航行或者在境内机场停留的境内外飞机或者其他飞行器提供的导航等劳务性地面服务的业务活动。包括旅客安全检查服务、停机坪管理服务、机场候机厅管理服务、飞机清洗消毒服务、空中飞行管理服务、飞机起降服务、飞行通讯服务、地面信号服务、飞机安全服务、飞机跑道管理服务、空中交通管理服务等。

通用航空服务，是指为专业工作提供飞行服务的业务活动，包括航空摄影、航空培训、航空测量、航空勘探、航空护林、航空吊挂播撒、航空降雨、航空气象探测、航空海洋监测、航空科学实验等。

（2）港口码头服务，是指港务船舶调度服务、船舶通讯服务、航道管理服务、航道疏浚服务、灯塔管理服务、航标管理服务、船舶引航服务、理货服务、系解缆服务、停泊和移泊服务、海上船舶溢油清除服务、水上交通管理服务、船只专业清洗消毒检测服务和防止船只漏油服务等为船只提供服务的业务活动。

港口设施经营人收取的港口设施保安费按照港口码头服务缴纳增值税。

（3）货运客运场站服务，是指货运客运场站提供货物配载服务、运输组织服务、中转换乘服务、车辆调度服务、票务服务、货物打包整理、铁路线路使用服务、加挂铁路客车服务、铁路行包专列发送服务、铁路到达和中转服务、铁路车辆编解服务、车辆挂运服务、铁路接触网服务、铁路机车牵引服务等业务活动。

（4）打捞救助服务，是指提供船舶人员救助、船舶财产救助、水上救助和沉船沉物打捞服务的业务活动。

（5）装卸搬运服务，是指使用装卸搬运工具或者人力、畜力将货物在运输工具之间、装卸现场之间或者运输工具与装卸现场之间进行装卸和搬运的业务活动。

（6）仓储服务，是指利用仓库、货场或者其他场所代客贮放、保管货物的业务活动。

（7）收派服务，是指接受寄件人委托，在承诺的时限内完成函件和包裹的收件、分拣、派送服务的业务活动。

收件服务，是指从寄件人收取函件和包裹，并运送到服务提供方同城的集散中心的业务活动。

分拣服务，是指服务提供方在其集散中心对函件和包裹进行归类、分发的业务活动。

派送服务，是指服务提供方从其集散中心将函件和包裹送达同城的收件人的业务活动。

5. 租赁服务。

租赁服务，包括融资租赁服务和经营租赁服务。

（1）融资租赁服务，是指具有融资性质和所有权转移特点的租赁活动。即出租人根据承租人所要求的规格、型号、性能等条件购入有形动产或者不动产租赁给承租人，合同期内租赁物所有权属于出租人，承租人只拥有使用权，合同期满付清租金后，承租人有权按照残值购入租赁物，以拥有其所有权。不论出租人是否将租赁物销售给承租人，均属于融资租赁。

按照标的物的不同，融资租赁服务可分为有形动产融资租赁服务和不动产融资租赁服务。

融资性售后回租不按照本税目缴纳增值税。

（2）经营租赁服务，是指在约定时间内将有形动产或者不动产转让他人使用且租赁物所有权不变更的业务活动。

按照标的物的不同，经营租赁服务可分为有形动产经营租赁服务和不动产经营租赁服务。

将建筑物、构筑物等不动产或者飞机、车辆等有形动产的广告位出租给其他单位或者个人用于发布广告，按照经营租赁服务缴纳增值税。

车辆停放服务、道路通行服务（包括过路费、过桥费、过闸费等）等按照不动产经营租赁服务缴纳增值税。

水路运输的光租业务、航空运输的干租业务，属于经营租赁。

光租业务，是指运输企业将船舶在约定的时间内出租给他人使用，不配备操作人员，不承担运输过程中发生的各项费用，只收取固定租赁费的业务活动。

干租业务，是指航空运输企业将飞机在约定的时间内出租给他人使用，不配备机组人员，不承担运输过程中发生的各项费用，只收取固定租赁费的业务活动。

6. 鉴证咨询服务。

鉴证咨询服务，包括认证服务、鉴证服务和咨询服务。

（1）认证服务，是指具有专业资质的单位利用检测、检验、计量等技术，证明产品、服务、管理体系符合相关技术规范、相关技术规范的强制性要求或者标准的业务活动。

（2）鉴证服务，是指具有专业资质的单位受托对相关事项进行鉴证，发表具有证明力的意见的业务活动。包括会计鉴证、税务鉴证、法律鉴证、职业技能鉴定、工程造价鉴证、工程监理、资产评估、环境评估、房地产土地评估、建筑图纸审核、医疗事故鉴定等。

（3）咨询服务，是指提供信息、建议、策划、顾问等服务的活动。包括金融、软件、技术、财务、税收、法律、内部管理、业务运作、流程管理、健康等方面的咨询。

翻译服务和市场调查服务按照咨询服务缴纳增值税。

7. 广播影视服务。

广播影视服务，包括广播影视节目（作品）的制作服务、发行服务和播映（含放映，下同）服务。

（1）广播影视节目（作品）制作服务，是指进行专题（特别节目）、专栏、综艺、体育、动画片、广播剧、电视剧、电影等广播影视节目和作品制作的服务。具体包括与广播影视节目和作品相关的策划、采编、拍摄、录音、音视频文字图片素材制作、场景布置、后期的剪辑、翻译（编译）、字幕制作、片头、片尾、片花制作、特效制作、影片修复、编目和确权等业务活动。

（2）广播影视节目（作品）发行服务，是指以分账、买断、委托等方式，向影院、电台、电视台、网站等单位和个人发行广播影视节目（作品）以及转让体育赛事等活动的报道及播映权的业务活动。

（3）广播影视节目（作品）播映服务，是指在影院、剧院、录像厅及其他场所播映广播影视节目（作品），以及通过电台、电视台、卫星通信、互联网、有线电视等无线或者有线装置播映广播影视节目（作品）的业务活动。

8. 商务辅助服务。

商务辅助服务，包括企业管理服务、经纪代理服务、人力资源服务、安全保护服务。

（1）企业管理服务，是指提供总部管理、投资与资产管理、市场管理、物业管理、日常综合管理等服务的业务活动。

（2）经纪代理服务，是指各类经纪、中介、代理服务。包括金融代理、知识产权代理、货物运输代理、代理报关、法律代理、房地产中介、职业中介、婚姻中介、代理记账、拍卖等。

货物运输代理服务，是指接受货物收货人、发货人、船舶所有人、船舶承租人或者船舶经营人的委托，以委托人的名义，为委托人办理货物运输、装卸、仓储和船舶进出港口、引航、靠泊等相关手续的业务活动。

代理报关服务，是指接受进出口货物的收、发货人委托，代为办理报关手续的业务活动。

（3）人力资源服务，是指提供公共就业、劳务派遣、人才委托招聘、劳动力外包等服务的业务活动。

（4）安全保护服务，是指提供保护人身安全和财产安全，维护社会治安等的业务活动。包括场所住宅保安、特种保安、安全系统监控以及其他安保服务。

9. 其他现代服务。

其他现代服务，是指除研发和技术服务、信息技术服务、文化创意服务、物流辅助服务、租赁服务、鉴证咨询服务、广播影视服务和商务辅助服务以外的现代服务。

（七）生活服务。

生活服务，是指为满足城乡居民日常生活需求提供的各类服务活动。包括文化体育服务、教育医疗服务、旅游娱乐服务、餐饮住宿服务、居民日常服务和其他生活服务。

1. 文化体育服务。

文化体育服务，包括文化服务和体育服务。

（1）文化服务，是指为满足社会公众文化生活需求提供的各种服务。包括：文艺创作、文艺表演、文化比赛，图书馆的图书和资料借阅，档案馆的档案管理，文物及非物质遗产保护，组织举办宗教活动、科技活动、文化活动，提供游览场所。

（2）体育服务，是指组织举办体育比赛、体育表演、体育活动，以及提供体育训练、体育指导、体育管理的业务活动。

2. 教育医疗服务。

教育医疗服务，包括教育服务和医疗服务。

（1）教育服务，是指提供学历教育服务、非学历教育服务、教育辅助服务的业务活动。

学历教育服务，是指根据教育行政管理部门确定或者认可的招生和教学计划组织教学，并颁发相应学历证书的业务活动。包括初等教育、初级中等教育、高级中等教育、高等教育等。

非学历教育服务，包括学前教育、各类培训、演讲、讲座、报告会等。

教育辅助服务，包括教育测评、考试、招生等服务。

（2）医疗服务，是指提供医学检查、诊断、治疗、康复、预防、保健、接生、计划生育、防疫服务等方面的服务，以及与这些服务有关的提供药品、医用材料器具、救护车、病房住宿和伙食的业务。

3. 旅游娱乐服务。

旅游娱乐服务，包括旅游服务和娱乐服务。

（1）旅游服务，是指根据旅游者的要求，组织安排交通、游览、住宿、餐饮、购物、文娱、商务等服务的业务活动。

（2）娱乐服务，是指为娱乐活动同时提供场所和服务的业务。

具体包括：歌厅、舞厅、夜总会、酒吧、台球、高尔夫球、保龄球、游艺（包括射击、狩猎、跑马、游戏机、蹦极、卡丁车、热气球、动力伞、射箭、飞镖）。

4. 餐饮住宿服务。

餐饮住宿服务，包括餐饮服务和住宿服务。

（1）餐饮服务，是指通过同时提供饮食和饮食场所的方式为消费者提供饮食消费服务的业务活动。

（2）住宿服务，是指提供住宿场所及配套服务等的活动。包括宾馆、旅馆、旅社、度假村和其他经营性住宿场所提供的住宿服务。

5. 居民日常服务。

居民日常服务，是指主要为满足居民个人及其家庭日常生活需求提供的服务，包括市容市政管理、家政、婚庆、养老、殡葬、照料和护理、救助救济、美容美发、按摩、桑拿、氧吧、足疗、沐浴、洗染、摄影扩印等服务。

6. 其他生活服务。

其他生活服务，是指除文化体育服务、教育医疗服务、旅游娱乐服务、餐饮住宿服务和居民日常服务之外的生活服务。

二、销售无形资产

销售无形资产，是指转让无形资产所有权或者使用权的业务活动。无形资产，是指不具实物形态，但能带来经济利益的资产，包括技术、商标、著作权、商誉、自然资源使用权和其他权益性无形资产。

技术，包括专利技术和非专利技术。

自然资源使用权，包括土地使用权、海域使用权、探矿权、采矿权、取水权和其他自然资源使用权。

其他权益性无形资产，包括基础设施资产经营权、公共事业特许权、配额、经营权（包括特许经营权、连锁经营权、其他经营权）、经销权、分销权、代理权、会员权、席位权、网络游戏虚拟道具、域名、名称权、肖像权、冠名权、转会费等。

三、销售不动产

销售不动产，是指转让不动产所有权的业务活动。不动产，是指不能移动或者移动后会引起性质、形状改变的财产，包括建筑物、构筑物等。

建筑物，包括住宅、商业营业用房、办公楼等可供居住、工作或者进行其他活动的建造物。

构筑物，包括道路、桥梁、隧道、水坝等建造物。

转让建筑物有限产权或者永久使用权的，转让在建的建筑物或者构筑物所有权的，以及在转让建筑物或者构筑物时一并转让其所占土地的使用权的，按照销售不动产缴纳增值税。

附件 2：

营业税改征增值税试点有关事项的规定

一、营改增试点期间，试点纳税人［指按照《营业税改征增值税试点实施办法》（以下称《试点实施办法》）缴纳增值税的纳税人］有关政策

（一）兼营。

试点纳税人销售货物、加工修理修配劳务、服务、无形资产或者不动产适用不同税率或者征收率的，应当分别核算适用不同税率或者征收率的销售额，未分别核算销售额的，按照以下方法适用税率或者征收率：

1. 兼有不同税率的销售货物、加工修理修配劳务、服务、无形资产或者不动产，从高适用税率。

2. 兼有不同征收率的销售货物、加工修理修配劳务、服务、无形资产或者不动产，从高适用征收率。

3. 兼有不同税率和征收率的销售货物、加工修理修配劳务、服务、无形资产或者不动产，从高适用税率。

（二）不征收增值税项目。

1. 根据国家指令无偿提供的铁路运输服务、航空运输服务，属于《试点实施办法》第十四条规定的用于公益事业的服务。

2. 存款利息。

3. 被保险人获得的保险赔付。

4. 房地产主管部门或者其指定机构、公积金管理中心、开发企业以及物业管理单位代收的住宅专项维修资金。

5. 在资产重组过程中，通过合并、分立、出售、置换等方式，将全部或者部分实物资产以及与其相关联的债权、负债和劳动力一并转让给其他单位和个人，其中涉及的不动产、土地使用权转让行为。

（三）销售额。

1. 贷款服务，以提供贷款服务取得的全部利息及利息性质的收入为销售额。

2. 直接收费金融服务，以提供直接收费金融服务收取的手续费、佣金、酬金、管理费、服务费、经手费、开户费、过户费、结算费、转托管费等各类费用为销售额。

3. 金融商品转让，按照卖出价扣除买入价后的余额为销售额。

转让金融商品出现的正负差，按盈亏相抵后的余额为销售额。若相抵后出现负差，可结转下一纳税期与下期转让金融商品销售额相抵，但年末时仍出现负差的，不得转入下一个会计年度。

金融商品的买入价，可以选择按照加权平均法或者移动加权平均法进行核算，选择后36个月内不得变更。

金融商品转让，不得开具增值税专用发票。

4. 经纪代理服务，以取得的全部价款和价外费用，扣除向委托方收取并代为支付的政府性基金或者行政事业性收费后的余额为销售额。向委托方收取的政府性基金或者行政事业性收费，不得开具增值税专用发票。

5. 融资租赁和融资性售后回租业务。

（1）经人民银行、银监会或者商务部批准从事融资租赁业务的试点纳税人，提供融资租赁服务，以取得的全部价款和价外费用，扣除支付的借款利息（包括外汇借款和人民币借款利息）、发行债券利息和车辆购置税后的余额为销售额。

（2）经人民银行、银监会或者商务部批准从事融资租赁业务的试点纳税人，提供融资性售后回租服务，以取得的全部价款和价外费用（不含本金），扣除对外支付的借款利息（包括外汇借款和人民币借款利息）、发行债券利息后的余额作为销售额。

（3）试点纳税人根据2016年4月30日前签订的有形动产融资性售后回租合同，在合同到期前提供的有形动产融资性售后回租服务，可继续按照有形动产融资租赁服务缴纳增值税。

继续按照有形动产融资租赁服务缴纳增值税的试点纳税人，经人民银行、银监会或者商务部批准从事融资租赁业务的，根据2016年4月30日前签订的有形动产融资性售后回租合同，在合同到期前提供的有形动产融资性售后回租服务，可以选择以下方法之一计算销售额：

①以向承租方收取的全部价款和价外费用，扣除向承租方收取的价款本金，以及对外支付的借款利息（包括外汇借款和人民币借款利息）、发行债券利息后的余额为销售额。

纳税人提供有形动产融资性售后回租服务，计算当期销售额时可以扣除的价款本金，为书面合同约定的当期应当收取的本金。无书面合同或者书面合同没有约定的，为当期实际收取的本金。

试点纳税人提供有形动产融资性售后回租服务，向承租方收取的有形动产价款本金，不得开具增值税专用发票，可以开具普通发票。

②以向承租方收取的全部价款和价外费用，扣除支付的借款利息（包括外汇借款和人民币借款利息）、发行债券利息后的余额为销售额。

（4）经商务部授权的省级商务主管部门和国家经济技术开发区批准的从事融资租赁业务的试点纳税人，2016年5月1日后实收资本达到 1.7 亿元的，从达到标准的当月起按照上述第（1）、（2）、（3）点规定执行；2016 年 5 月 1 日后实收资本未达到 1.7 亿元但注册资本达到 1.7 亿元的，在 2016 年 7 月 31 日前仍可按照上述第（1）、（2）、（3）点规定执行，2016 年 8 月 1 日后开展的融资租赁业务和融资性售后回租业务不得按照上述第（1）、（2）、（3）点规定执行。

6. 航空运输企业的销售额，不包括代收的机场建设费和代售其他航空运输企业客票而代收转付的价款。

7. 试点纳税人中的一般纳税人（以下称一般纳税人）提供客运场站服务，以其取得的全部价款和价外费用，扣除支付给承运方运费后的余额为销售额。

8. 试点纳税人提供旅游服务，可以选择以取得的全部价款和价外费用，扣除向旅游服务购买方收取并支付给其他单位或者个人的住宿费、餐饮费、交通费、签证费、门票费和支付给其他接团旅游企业的旅游费用后的余额为销售额。

选择上述办法计算销售额的试点纳税人，向旅游服务购买方收取并支付的上述费用，不得开具增值税专用发票，可以开具普通发票。

9. 试点纳税人提供建筑服务适用简易计税方法的，以取得的全部价款和价外费用扣除支付的分包款后的余额为销售额。

10. 房地产开发企业中的一般纳税人销售其开发的房地产项目（选择简易计税方法的房地产老项目除外），以取得的全部价款和价外费用，扣除受让土地时向政府部门支付的土地价款后的余额为销售额。

房地产老项目，是指《建筑工程施工许可证》注明的合同开工日期在 2016 年 4 月 30 日前的房地产项目。

11. 试点纳税人按照上述 4 – 10 款的规定从全部价款和价外费用中扣除的价款，应当取得符合法律、行政法规和国家税务总局规定的有效凭证。否则，不得扣除。

上述凭证是指：

（1）支付给境内单位或者个人的款项，以发票为合法有效凭证。

（2）支付给境外单位或者个人的款项，以该单位或者个人的签收单据为合法有效凭证，税务机关对签收单据有疑义的，可以要求其提供境外公证机构的确认证明。

（3）缴纳的税款，以完税凭证为合法有效凭证。

（4）扣除的政府性基金、行政事业性收费或者向政府支付的土地价款，以省级以上（含省级）财政部门监（印）制的财政票据为合法有效凭证。

（5）国家税务总局规定的其他凭证。

纳税人取得的上述凭证属于增值税扣税凭证的，其进项税额不得从销项税额中抵扣。

（四）进项税额。

1. 适用一般计税方法的试点纳税人，2016 年 5 月 1 日后取得并在会计制度上按固定资产核算的不动产或者 2016 年 5 月 1 日后取得的不动产在建工程，其进项税额应自取得之日起分 2 年从销项税额中抵扣，第一年抵扣比例为 60%，第二年抵扣比例为 40%。

取得不动产，包括以直接购买、接受捐赠、接受投资入股、自建以及抵债等各种形式取得不动产，不包括房地产开发企业自行开发的房地产项目。

融资租入的不动产以及在施工现场修建的临时建筑物、构筑物，其进项税额不适用上述分 2 年抵扣的规定。

2. 按照《试点实施办法》第二十七条第（一）项规定不得抵扣且未抵扣进项税额的固定资产、无形资产、不动产，发生用途改变，用于允许抵扣进项税额的应税项目，可在用途改变的次月按照下列公式计算可以抵扣的进项税额：

$$可以抵扣的进项税额 = 固定资产、无形资产、不动产净值 / (1 + 适用税率) \times 适用税率$$

上述可以抵扣的进项税额应取得合法有效的增值税扣税凭证。

3. 纳税人接受贷款服务向贷款方支付的与该笔贷款直接相关的投融资顾问费、手续费、咨询费等费用，其进项税额不得从销项税额中抵扣。

（五）一般纳税人资格登记。

《试点实施办法》第三条规定的年应税销售额标准为 500 万元（含本数）。财政部和国家税务总局可以对年应税销售额标准进行调整。

（六）计税方法。

一般纳税人发生下列应税行为可以选择适用简易计税方法计税：

1. 公共交通运输服务。

公共交通运输服务，包括轮客渡、公交客运、地铁、城市轻轨、出租车、长途客运、班车。

班车，是指按固定路线、固定时间运营并在固定站点停靠的运送旅客的陆路运输服务。

2. 经认定的动漫企业为开发动漫产品提供的动漫脚本编撰、形象设计、背景设计、动画设计、分镜、动画制作、摄制、描线、上色、画面合成、配音、配乐、音效合成、剪辑、字幕制作、压缩转码（面向网络动漫、手机动漫格式适配）服务，以及在境内转让动漫版权（包括动漫品牌、形象或者内容的授权及再授权）。

动漫企业和自主开发、生产动漫产品的认定标准和认定程序，按照《文化部　财政部　国家税务总局关于印发〈动漫企业认定管理办法（试行）〉的通知》（文市发〔2008〕51号）的规定执行。

3. 电影放映服务、仓储服务、装卸搬运服务、收派服务和文化体育服务。

4. 以纳入营改增试点之日前取得的有形动产为标的物提供的经营租赁服务。

5. 在纳入营改增试点之日前签订的尚未执行完毕的有形动产租赁合同。

（七）建筑服务。

1. 一般纳税人以清包工方式提供的建筑服务，可以选择适用简易计税方法计税。

以清包工方式提供建筑服务，是指施工方不采购建筑工程所需的材料或只采购辅助材料，并收取人工费、管理费或者其他费用的建筑服务。

2. 一般纳税人为甲供工程提供的建筑服务，可以选择适用简易计税方法计税。

甲供工程，是指全部或部分设备、材料、动力由工程发包方自行采购的建筑工程。

3. 一般纳税人为建筑工程老项目提供的建筑服务，可以选择适用简易计税方法计税。

建筑工程老项目，是指：

（1）《建筑工程施工许可证》注明的合同开工日期在2016年4月30日前的建筑工程项目；

（2）未取得《建筑工程施工许可证》的，建筑工程承包合同注明的开工日期在 2016 年 4 月 30 日前的建筑工程项目。

4. 一般纳税人跨县（市）提供建筑服务，适用一般计税方法计税的，应以取得的全部价款和价外费用为销售额计算应纳税额。纳税人应以取得的全部价款和价外费用扣除支付的分包款后的余额，按照 2% 的预征率在建筑服务发生地预缴税款后，向机构所在地主管税务机关进行纳税申报。

5. 一般纳税人跨县（市）提供建筑服务，选择适用简易计税方法计税的，应以取得的全部价款和价外费用扣除支付的分包款后的余额为销售额，按照 3% 的征收率计算应纳税额。纳税人应按照上述计税方法在建筑服务发生地预缴税款后，向机构所在地主管税务机关进行纳税申报。

6. 试点纳税人中的小规模纳税人（以下称小规模纳税人）跨县（市）提供建筑服务，应以取得的全部价款和价外费用扣除支付的分包款后的余额为销售额，按照 3% 的征收率计算应纳税额。纳税人应按照上述计税方法在建筑服务发生地预缴税款后，向机构所在地主管税务机关进行纳税申报。

（八）销售不动产。

1. 一般纳税人销售其 2016 年 4 月 30 日前取得（不含自建）的不动产，可以选择适用简易计税方法，以取得的全部价款和价外费用减去该项不动产购置原价或者取得不动产时的作价后的余额为销售额，按照 5% 的征收率计算应纳税额。纳税人应按照上述计税方法在不动产所在地预缴税款后，向机构所在地主管税务机关进行纳税申报。

2. 一般纳税人销售其 2016 年 4 月 30 日前自建的不动产，可以选择适用简易计税方法，以取得的全部价款和价外费用为销售额，按照5%的征收率计算应纳税额。纳税人应按照上述计税方法在不动产所在地预缴税款后，向机构所在地主管税务机关进行纳税申报。

3. 一般纳税人销售其2016年5月1日后取得（不含自建）的不动产，应适用一般计税方法，以取得的全部价款和价外费用为销售额计算应纳税额。纳税人应以取得的全部价款和价外费用减去该项不动产购置原价或者取得不动产时的作价后的余额，按照5%的预征率在不动产所在地预缴税款后，向机构所在地主管税务机关进行纳税申报。

4. 一般纳税人销售其2016年5月1日后自建的不动产，应适用一般计税方法，以取得的全部价款和价外费用为销售额计算应纳税额。纳税人应以取得的全部价款和价外费用，按照5%的预征率在不动产所在地预缴税款后，向机构所在地主管税务机关进行纳税申报。

5. 小规模纳税人销售其取得（不含自建）的不动产（不含个体工商户销售购买的住房和其他个人销售不动产），应以取得的全部价款和价外费用减去该项不动产购置原价或者取得不动产时的作价后的余额为销售额，按照5%的征收率计算应纳税额。纳税人应按照上述计税方法在不动产所在地预缴税款后，向机构所在地主管税务机关进行纳税申报。

6. 小规模纳税人销售其自建的不动产，应以取得的全部价款和价外费用为销售额，按照5%的征收率计算应纳税额。纳税人应按照上述计税方法在不动产所在地预缴税款后，向机构所在地主管税务机关进行纳税申报。

7. 房地产开发企业中的一般纳税人，销售自行开发的房地产老项目，可以选择适用简易计税方法按照5%的征收率计税。

8. 房地产开发企业中的小规模纳税人，销售自行开发的房地产项目，按照5%的征收率计税。

9. 房地产开发企业采取预收款方式销售所开发的房地产项目，在收到预收款时按照3%的预征率预缴增值税。

10. 个体工商户销售购买的住房，应按照附件3《营业税改征增值税试点过渡政策的规定》第五条的规定征免增值税。纳税人应按照上述计税方法在不动产所在地预缴税款后，向机构所在地主管税务机关进行纳税申报。

11. 其他个人销售其取得（不含自建）的不动产（不含其购买的住房），应以取得的全部价款和价外费用减去该项不动产购置原价或者取得不动产时的作价后的余额为销售额，按照5%的征收率计算应纳税额。

（九）不动产经营租赁服务。

1. 一般纳税人出租其2016年4月30日前取得的不动产，可以选择适用简易计税方法，按照5%的征收率计算应纳税额。纳税人出租其2016年4月30日前取得的与机构所在地不在同一县（市）的不动产，应按照上述计税方法在不动产所在地预缴税款后，向机构所在地主管税务机关进行纳税申报。

2. 公路经营企业中的一般纳税人收取试点前开工的高速公路的车辆通行费，可以选择适用简易计税方法，减按3%的征收率计算应纳税额。

试点前开工的高速公路，是指相关施工许可证明上注明的合同开工日期在2016年4月30日前的高速公路。

3. 一般纳税人出租其2016年5月1日后取得的、与机构所在地不在同一县（市）的不动产，应按照3%的预征率在不动产所在地预缴税款后，向机构所在地主管税务机关进行纳税申报。

4. 小规模纳税人出租其取得的不动产（不含个人出租住房），应按照 5% 的征收率计算应纳税额。纳税人出租与机构所在地不在同一县（市）的不动产，应按照上述计税方法在不动产所在地预缴税款后，向机构所在地主管税务机关进行纳税申报。

5. 其他个人出租其取得的不动产（不含住房），应按照 5% 的征收率计算应纳税额。

6. 个人出租住房，应按照 5% 的征收率减按 1.5% 计算应纳税额。

（十）一般纳税人销售其 2016 年 4 月 30 日前取得的不动产（不含自建），适用一般计税方法计税的，以取得的全部价款和价外费用为销售额计算应纳税额。上述纳税人应以取得的全部价款和价外费用减去该项不动产购置原价或者取得不动产时的作价后的余额，按照 5% 的预征率在不动产所在地预缴税款后，向机构所在地主管税务机关进行纳税申报。

房地产开发企业中的一般纳税人销售房地产老项目，以及一般纳税人出租其 2016 年 4 月 30 日前取得的不动产，适用一般计税方法计税的，应以取得的全部价款和价外费用，按照 3% 的预征率在不动产所在地预缴税款后，向机构所在地主管税务机关进行纳税申报。

一般纳税人销售其 2016 年 4 月 30 日前自建的不动产，适用一般计税方法计税的，应以取得的全部价款和价外费用为销售额计算应纳税额。纳税人应以取得的全部价款和价外费用，按照 5% 的预征率在不动产所在地预缴税款后，向机构所在地主管税务机关进行纳税申报。

（十一）一般纳税人跨省（自治区、直辖市或者计划单列市）提供建筑服务或者销售、出租取得的与机构所在地不在同一省（自治区、直辖市或者计划单列市）的不动产，在机构所在地申报纳税时，计算的应纳税额小于已预缴税额，且差额较大的，由国家税务总局通知建筑服务发生地或者不动产所在地省级税务机关，在一定时期内暂停预缴增值税。

（十二）纳税地点。

属于固定业户的试点纳税人，总分支机构不在同一县（市），但在同一省（自治区、直辖市、计划单列市）范围内的，经省（自治区、直辖市、计划单列市）财政厅（局）和国家税务局批准，可以由总机构汇总向总机构所在地的主管税务机关申报缴纳增值税。

（十三）试点前发生的业务。

1. 试点纳税人发生应税行为，按照国家有关营业税政策规定差额征收营业税的，因取得的全部价款和价外费用不足以抵减允许扣除项目金额，截至纳入营改增试点之日前尚未扣除的部分，不得在计算试点纳税人增值税应税销售额时抵减，应当向原主管地税机关申请退还营业税。

2. 试点纳税人发生应税行为，在纳入营改增试点之日前已缴纳营业税，营改增试点后因发生退款减除营业额的，应当向原主管地税机关申请退还已缴纳的营业税。

3. 试点纳税人纳入营改增试点之日前发生的应税行为，因税收检查等原因需要补缴税款的，应按照营业税政策规定补缴营业税。

（十四）销售使用过的固定资产。

一般纳税人销售自己使用过的、纳入营改增试点之日前取得的固定资产，按照现行旧货相关增值税政策执行。

使用过的固定资产，是指纳税人符合《试点实施办法》第二十八条规定并根据财务会计制度已经计提折旧的固定资产。

（十五）扣缴增值税适用税率。

境内的购买方为境外单位和个人扣缴增值税的，按照适用税率扣缴增值税。

（十六）其他规定。

1. 试点纳税人销售电信服务时，附带赠送用户识别卡、电信终端等货物或者电信服务的，应将其取得的全部价款和价外费用进行分别核算，按各自适用的税率计算缴纳增值税。

2. 油气田企业发生应税行为，适用《试点实施办法》规定的增值税税率，不再适用《财政部　国家税务总局关于印发〈油气田企业增值税管理办法〉的通知》（财税〔2009〕8 号）规定的增值税税率。

二、原增值税纳税人［指按照《中华人民共和国增值税暂行条例》（国务院令第 538 号）（以下称《增值税暂行条例》）缴纳增值税的纳税人］有关政策

（一）进项税额。

1. 原增值税一般纳税人购进服务、无形资产或者不动产，取得的增值税专用发票上注明的增值税额为进项税额，准予从销项税额中抵扣。

2016 年 5 月 1 日后取得并在会计制度上按固定资产核算的不动产或者 2016 年 5 月 1 日后取得的不动产在建工程，其进项税额应自取得之日起分 2 年从销项税额中抵扣，第一年抵扣比例为 60%，第二年抵扣比例为 40%。

融资租入的不动产以及在施工现场修建的临时建筑物、构筑物，其进项税额不适用上述分 2 年抵扣的规定。

2. 原增值税一般纳税人自用的应征消费税的摩托车、汽车、游艇，其进项税额准予从销项税额中抵扣。

3. 原增值税一般纳税人从境外单位或者个人购进服务、无形资产或者不动产，按照规定应当扣缴增值税的，准予从销项税额中抵扣的进项税额为自税务机关或者扣缴义务人取得的解缴税款的完税凭证上注明的增值税额。

纳税人凭完税凭证抵扣进项税额的，应当具备书面合同、付款证明和境外单位的对账单或者发票。资料不全的，其进项税额不得从销项税额中抵扣。

4. 原增值税一般纳税人购进货物或者接受加工修理修配劳务，用于《销售服务、无形资产或者不动产注释》所列项目的，不属于《增值税暂行条例》第十条所称的用于非增值税应税项目，其进项税额准予从销项税额中抵扣。

5. 原增值税一般纳税人购进服务、无形资产或者不动产，下列项目的进项税额不得从销项税额中抵扣：

（1）用于简易计税方法计税项目、免征增值税项目、集体福利或者个人消费。其中涉及的无形资产、不动产，仅指专用于上述项目的无形资产（不包括其他权益性无形资产）、不动产。

纳税人的交际应酬消费属于个人消费。

（2）非正常损失的购进货物，以及相关的加工修理修配劳务和交通运输服务。

（3）非正常损失的在产品、产成品所耗用的购进货物（不包括固定资产）、加工修理修配劳务和交通运输服务。

（4）非正常损失的不动产，以及该不动产所耗用的购进货物、设计服务和建筑服务。

（5）非正常损失的不动产在建工程所耗用的购进货物、设计服务和建筑服务。

纳税人新建、改建、扩建、修缮、装饰不动产，均属于不动产在建工程。

（6）购进的旅客运输服务、贷款服务、餐饮服务、居民日常服务和娱乐服务。

（7）财政部和国家税务总局规定的其他情形。

上述第（4）点、第（5）点所称货物，是指构成不动产实体的材料和设备，包括建筑装饰材料和给排水、采暖、卫生、通风、照明、通讯、煤气、消防、中央空调、电梯、电气、智能化楼宇设备及配套设施。

纳税人接受贷款服务向贷款方支付的与该笔贷款直接相关的投融资顾问费、手续费、咨询费等费用，其进项税额不得从销项税额中抵扣。

6. 已抵扣进项税额的购进服务，发生上述第5点规定情形（简易计税方法计税项目、免征增值税项目除外）的，应当将该进项税额从当期进项税额中扣减；无法确定该进项税额的，按照当期实际成本计算应扣减的进项税额。

7. 已抵扣进项税额的无形资产或者不动产，发生上述第5点规定情形的，按照下列公式计算不得抵扣的进项税额：

不得抵扣的进项税额 = 无形资产或者不动产净值 × 适用税率

8. 按照《增值税暂行条例》第十条和上述第5点不得抵扣且未抵扣进项税额的固定资产、无形资产、不动产，发生用途改变，用于允许抵扣进项税额的应税项目，可在用途改变的次月按照下列公式，依据合法有效的增值税扣税凭证，计算可以抵扣的进项税额：

$$可以抵扣的进项税额 = 固定资产、无形资产、不动产净值 / (1 + 适用税率) \times 适用税率$$

上述可以抵扣的进项税额应取得合法有效的增值税扣税凭证。

（二）增值税期末留抵税额。

原增值税一般纳税人兼有销售服务、无形资产或者不动产的，截止到纳入营改增试点之日前的增值税期末留抵税额，不得从销售服务、无形资产或者不动产的销项税额中抵扣。

（三）混合销售。

一项销售行为如果既涉及货物又涉及服务，为混合销售。从事货物的生产、批发或者零售的单位和个体工商户的混合销售行为，按照销售货物缴纳增值税；其他单位和个体工商户的混合销售行为，按照销售服务缴纳增值税。

上述从事货物的生产、批发或者零售的单位和个体工商户，包括以从事货物的生产、批发或者零售为主，并兼营销售服务的单位和个体工商户在内。

附件 3：

营业税改征增值税试点过渡政策的规定

一、下列项目免征增值税

（一）托儿所、幼儿园提供的保育和教育服务。

托儿所、幼儿园，是指经县级以上教育部门审批成立、取得办园许可证的实施 0～6 岁学前教育的机构，包括公办和民办的托儿所、幼儿园、学前班、幼儿班、保育院、幼儿院。

公办托儿所、幼儿园免征增值税的收入是指，在省级财政部门和价格主管部门审核报省级人民政府批准的收费标准以内收取的教育费、保育费。

民办托儿所、幼儿园免征增值税的收入是指，在报经当地有关部门备案并公示的收费标准范围内收取的教育费、保育费。

超过规定收费标准的收费，以开办实验班、特色班和兴趣班等为由另外收取的费用以及与幼儿入园挂钩的赞助费、支教费等超过规定范围的收入，不属于免征增值税的收入。

（二）养老机构提供的养老服务。

养老机构，是指依照民政部《养老机构设立许可办法》（民政部令第 48 号）设立并依法办理登记的为老年人提供集中居住和照料服务的各类养老机构；养老服务，是指上述养老机构按照民政部《养老机构管理办法》（民政部令第 49 号）的规定，为收住的老年人提供的生活照料、康复护理、精神慰藉、文化娱乐等服务。

（三）残疾人福利机构提供的育养服务。

（四）婚姻介绍服务。

（五）殡葬服务。

殡葬服务，是指收费标准由各地价格主管部门会同有关部门核定，或者实行政府指导价管理的遗体接运（含抬尸、消毒）、遗体整容、遗体防腐、存放（含冷藏）、火化、骨灰寄存、吊唁设施设备租赁、墓穴租赁及管理等服务。

（六）残疾人员本人为社会提供的服务。

（七）医疗机构提供的医疗服务。

医疗机构，是指依据国务院《医疗机构管理条例》（国务院令第149号）及卫生部《医疗机构管理条例实施细则》（卫生部令第35号）的规定，经登记取得《医疗机构执业许可证》的机构，以及军队、武警部队各级各类医疗机构。具体包括：各级各类医院、门诊部（所）、社区卫生服务中心（站）、急救中心（站）、城乡卫生院、护理院（所）、疗养院、临床检验中心，各级政府及有关部门举办的卫生防疫站（疾病控制中心）、各种专科疾病防治站（所），各级政府举办的妇幼保健所（站）、母婴保健机构、儿童保健机构，各级政府举办的血站（血液中心）等医疗机构。

本项所称的医疗服务，是指医疗机构按照不高于地（市）级以上价格主管部门会同同级卫生主管部门及其他相关部门制定的医疗服务指导价（包括政府指导价和按照规定由供需双方协商确定的价格等）为就医者提供《全国医疗服务价格项目规范》所列的各项服务，以及医疗机构向社会提供卫生防疫、卫生检疫的服务。

（八）从事学历教育的学校提供的教育服务。

1. 学历教育，是指受教育者经过国家教育考试或者国家规定的其他入学方式，进入国家有关部门批准的学校或者其他教育机构学习，获得国家承认的学历证书的教育形式。具体包括：

（1）初等教育：普通小学、成人小学。

（2）初级中等教育：普通初中、职业初中、成人初中。

（3）高级中等教育：普通高中、成人高中和中等职业学校（包括普通中专、成人中专、职业高中、技工学校）。

（4）高等教育：普通本专科、成人本专科、网络本专科、研究生（博士、硕士）、高等教育自学考试、高等教育学历文凭考试。

2. 从事学历教育的学校，是指：

（1）普通学校。

（2）经地（市）级以上人民政府或者同级政府的教育行政部门批准成立、国家承认其学员学历的各类学校。

（3）经省级及以上人力资源社会保障行政部门批准成立的技工学校、高级技工学校。

（4）经省级人民政府批准成立的技师学院。

上述学校均包括符合规定的从事学历教育的民办学校，但不包括职业培训机构等国家不承认学历的教育机构。

3. 提供教育服务免征增值税的收入，是指对列入规定招生计划的在籍学生提供学历教育服务取得的收入，具体包括：经有关部门审核批准并按规定标准收取的学费、住宿费、课本费、作业本费、考试报名费收入，以及学校食堂提供餐饮服务取得的伙食费收入。除此之外的收入，包括学校以各种名义收取的赞助费、择校费等，不属于免征增值税的范围。

学校食堂是指依照《学校食堂与学生集体用餐卫生管理规定》（教育部令第14号）管理的学校食堂。

（九）学生勤工俭学提供的服务。

（十）农业机耕、排灌、病虫害防治、植物保护、农牧保险以及相关技术培训业务，家禽、牲畜、水生动物的配种和疾病防治。

农业机耕，是指在农业、林业、牧业中使用农业机械进行耕作（包括耕耘、种植、收割、脱粒、植物保护等）的业务；排灌，是指对农田进行灌溉或者排涝的业务；病虫害防治，是指从事农业、林业、牧业、渔业的病虫害测报和防治的业务；农牧保险，是指为种植业、养殖业、牧业种植和饲养的动植物提供保险的业务；相关技术培训，是指与农业机耕、排灌、病虫害防治、植物保护业务相关以及为使农民获得农牧保险知识的技术培训业务；家禽、牲畜、水生动物的配种和疾病防治业务的免税范围，包括与该项服务有关的提供药品和医疗用具的业务。

（十一）纪念馆、博物馆、文化馆、文物保护单位管理机构、美术馆、展览馆、书画院、图书馆在自己的场所提供文化体育服务取得的第一道门票收入。

（十二）寺院、宫观、清真寺和教堂举办文化、宗教活动的门票收入。

（十三）行政单位之外的其他单位收取的符合《试点实施办法》第十条规定条件的政府性基金和行政事业性收费。

（十四）个人转让著作权。

（十五）个人销售自建自用住房。

（十六）2018 年 12 月 31 日前，公共租赁住房经营管理单位出租公共租赁住房。

公共租赁住房，是指纳入省、自治区、直辖市、计划单列市人民政府及新疆生产建设兵团批准的公共租赁住房发展规划和年度计划，并按照《关于加快发展公共租赁住房的指导意见》（建保〔2010〕87号）和市、县人民政府制定的具体管理办法进行管理的公共租赁住房。

（十七）台湾航运公司、航空公司从事海峡两岸海上直航、空中直航业务在大陆取得的运输收入。

台湾航运公司，是指取得交通运输部颁发的"台湾海峡两岸间水路运输许可证"且该许可证上注明的公司登记地址在台湾的航运公司。

台湾航空公司，是指取得中国民用航空局颁发的"经营许可"或者依据《海峡两岸空运协议》和《海峡两岸空运补充协议》规定，批准经营两岸旅客、货物和邮件不定期（包机）运输业务，且公司登记地址在台湾的航空公司。

（十八）纳税人提供的直接或者间接国际货物运输代理服务。

1. 纳税人提供直接或者间接国际货物运输代理服务，向委托方收取的全部国际货物运输代理服务收入，以及向国际运输承运人支付的国际运输费用，必须通过金融机构进行结算。

2. 纳税人为大陆与香港、澳门、台湾地区之间的货物运输提供的货物运输代理服务参照国际货物运输代理服务有关规定执行。

3. 委托方索取发票的，纳税人应当就国际货物运输代理服务收入向委托方全额开具增值税普通发票。

（十九）以下利息收入。

1. 2016 年 12 月 31 日前，金融机构农户小额贷款。

小额贷款，是指单笔且该农户贷款余额总额在 10 万元（含本数）以下的贷款。

所称农户，是指长期（一年以上）居住在乡镇（不包括城关镇）行政管理区域内的住户，还包括长期居住在城关镇所辖行政村范围内的住户和户口不在本地而在本地居住一年以上的住户，国有农场的职工和农村个体工商户。位于乡镇（不包括城关镇）行政管理区域内和在城关镇所辖行政村范围内的国有经济的机关、团体、学校、企事业单位的集体户；有本地户口，但举家外出谋生一年以上的住户，无论是否保留承包耕地均不属于农户。农户以户为统计单位，既可以从事农业生产经营，也可以从事非农业生产经营。农户贷款的判定应以贷款发放时的承贷主体是否属于农户为准。

2. 国家助学贷款。

3. 国债、地方政府债。

4. 人民银行对金融机构的贷款。

5. 住房公积金管理中心用住房公积金在指定的委托银行发放的个人住房贷款。

6. 外汇管理部门在从事国家外汇储备经营过程中，委托金融机构发放的外汇贷款。

7. 统借统还业务中，企业集团或企业集团中的核心企业以及集团所属财务公司按不高于支付给金融机构的借款利率水平或者支付的债券票面利率水平，向企业集团或者集团内下属单位收取的利息。

统借方向资金使用单位收取的利息，高于支付给金融机构借款利率水平或者支付的债券票面利率水平的，应全额缴纳增值税。

统借统还业务，是指：

（1）企业集团或者企业集团中的核心企业向金融机构借款或对外发行债券取得资金后，将所借资金分拨给下属单位（包括独立核算单位和非独立核算单位，下同），并向下属单位收取用于归还金融机构或债券购买方本息的业务。

（2）企业集团向金融机构借款或对外发行债券取得资金后，由集团所属财务公司与企业集团或者集团内下属单位签订统借统还贷款合同并分拨资金，并向企业集团或者集团内下属单位收取本息，再转付企业集团，由企业集团统一归还金融机构或债券购买方的业务。

（二十）被撤销金融机构以货物、不动产、无形资产、有价证券、票据等财产清偿债务。

被撤销金融机构，是指经人民银行、银监会依法决定撤销的金融机构及其分设于各地的分支机构，包括被依法撤销的商业银行、信托投资公司、财务公司、金融租赁公司、城市信用社和农村信用社。除另有规定外，被撤销金融机构所属、附属企业，不享受被撤销金融机构增值税免税政策。

（二十一）保险公司开办的一年期以上人身保险产品取得的保费收入。

一年期以上人身保险，是指保险期间为一年期及以上返还本利的人寿保险、养老年金保险，以及保险期间为一年期及以上的健康保险。

人寿保险，是指以人的寿命为保险标的的人身保险。

养老年金保险，是指以养老保障为目的，以被保险人生存为给付保险金条件，并按约定的时间间隔分期给付生存保险金的人身保险。养老年金保险应当同时符合下列条件：

1. 保险合同约定给付被保险人生存保险金的年龄不得小于国家规定的退休年龄。

2. 相邻两次给付的时间间隔不得超过一年。

健康保险，是指以因健康原因导致损失为给付保险金条件的人身保险。

上述免税政策实行备案管理，具体备案管理办法按照《国家税务总局关于一年期以上返还性人身保险产品免征营业税审批事项取消后有关管理问题的公告》（国家税务总局公告 2015 年第 65 号）规定执行。

（二十二）下列金融商品转让收入。

1. 合格境外投资者（QFII）委托境内公司在我国从事证券买卖业务。

2. 香港市场投资者（包括单位和个人）通过沪港通买卖上海证券交易所上市 A 股。

3. 对香港市场投资者（包括单位和个人）通过基金互认买卖内地基金份额。

4. 证券投资基金（封闭式证券投资基金，开放式证券投资基金）管理人运用基金买卖股票、债券。

5. 个人从事金融商品转让业务。

（二十三）金融同业往来利息收入。

1. 金融机构与人民银行所发生的资金往来业务。包括人民银行对一般金融机构贷款，以及人民银行对商业银行的再贴现等。

2. 银行联行往来业务。同一银行系统内部不同行、处之间所发生的资金账务往来业务。

3. 金融机构间的资金往来业务。是指经人民银行批准，进入全国银行间同业拆借市场的金融机构之间通过全国统一的同业拆借网络进行的短期（一年以下含一年）无担保资金融通行为。

4. 金融机构之间开展的转贴现业务。

金融机构是指：

（1）银行：包括人民银行、商业银行、政策性银行。

（2）信用合作社。

（3）证券公司。

（4）金融租赁公司、证券基金管理公司、财务公司、信托投资公司、证券投资基金。

（5）保险公司。

（6）其他经人民银行、银监会、证监会、保监会批准成立且经营金融保险业务的机构等。

（二十四）同时符合下列条件的担保机构从事中小企业信用担保或者再担保业务取得的收入（不含信用评级、咨询、培训等收入）3年内免征增值税：

1. 已取得监管部门颁发的融资性担保机构经营许可证，依法登记注册为企（事）业法人，实收资本超过2000万元。

2. 平均年担保费率不超过银行同期贷款基准利率的50%。平均年担保费率 = 本期担保费收入／（期初担保余额 + 本期增加担保金额）×100%。

3. 连续合规经营2年以上，资金主要用于担保业务，具备健全的内部管理制度和为中小企业提供担保的能力，经营业绩突出，对受保项目具有完善的事前评估、事中监控、事后追偿与处置机制。

4. 为中小企业提供的累计担保贷款额占其两年累计担保业务总额的80%以上，单笔800万元以下的累计担保贷款额占其累计担保业务总额的50%以上。

5. 对单个受保企业提供的担保余额不超过担保机构实收资本总额的10%，且平均单笔担保责任金额最多不超过3000万元人民币。

6. 担保责任余额不低于其净资产的3倍，且代偿率不超过2%。

担保机构免征增值税政策采取备案管理方式。符合条件的担保机构应到所在地县（市）主管税务机关和同级中小企业管理部门履行规定的备案手续，自完成备案手续之日起，享受3年免征增值税政策。3 年免税期满后，符合条件的担保机构可按规定程序办理备案手续后继续享受该项政策。

具体备案管理办法按照《国家税务总局关于中小企业信用担保机构免征营业税审批事项取消后有关管理问题的公告》（国家税务总局公告 2015 年第 69 号）规定执行，其中税务机关的备案管理部门统一调整为县（市）级国家税务局。

（二十五）国家商品储备管理单位及其直属企业承担商品储备任务，从中央或者地方财政取得的利息补贴收入和价差补贴收入。

国家商品储备管理单位及其直属企业，是指接受中央、省、市、县四级政府有关部门（或者政府指定管理单位）委托，承担粮（含大豆）、食用油、棉、糖、肉、盐（限于中央储备）等 6 种商品储备任务，并按有关政策收储、销售上述 6 种储备商品，取得财政储备经费或者补贴的商品储备企业。利息补贴收入，是指国家商品储备管理单位及其直属企业因承担上述商品储备任务从金融机构贷款，并从中央或者地方财政取得的用于偿还贷款利息的贴息收入。价差补贴收入包括销售价差补贴收入和轮换价差补贴收入。销售价差补贴收入，是指按照中央或者地方政府指令销售上述储备商品时，由于销售收入小于库存成本而从中央或者地方财政获得的全额价差补贴收入。轮换价差补贴收入，是指根据要求定期组织政策性储备商品轮换而从中央或者地方财政取得的商品新陈品质价差补贴收入。

（二十六）纳税人提供技术转让、技术开发和与之相关的技术咨询、技术服务。

1. 技术转让、技术开发，是指《销售服务、无形资产、不动产注释》中"转让技术"、"研发服务"范围内的业务活动。技术咨询，是指就特定技术项目提供可行性论证、技术预测、专题技术调查、分析评价报告等业务活动。

与技术转让、技术开发相关的技术咨询、技术服务，是指转让方（或者受托方）根据技术转让或者开发合同的规定，为帮助受让方（或者委托方）掌握所转让（或者委托开发）的技术，而提供的技术咨询、技术服务业务，且这部分技术咨询、技术服务的价款与技术转让或者技术开发的价款应当在同一张发票上开具。

2. 备案程序。试点纳税人申请免征增值税时，须持技术转让、开发的书面合同，到纳税人所在地省级科技主管部门进行认定，并持有关的书面合同和科技主管部门审核意见证明文件报主管税务机关备查。

（二十七）同时符合下列条件的合同能源管理服务：

1. 节能服务公司实施合同能源管理项目相关技术，应当符合国家质量监督检验检疫总局和国家标准化管理委员会发布的《合同能源管理技术通则》（GB/T24915－2010）规定的技术要求。

2. 节能服务公司与用能企业签订节能效益分享型合同，其合同格式和内容，符合《中华人民共和国合同法》和《合同能源管理技术通则》（GB/T24915－2010）等规定。

（二十八）2017 年 12 月 31 日前，科普单位的门票收入，以及县级及以上党政部门和科协开展科普活动的门票收入。

科普单位，是指科技馆、自然博物馆，对公众开放的天文馆（站、台）、气象台（站）、地震台（站），以及高等院校、科研机构对公众开放的科普基地。

科普活动，是指利用各种传媒以浅显的、让公众易于理解、接受和参与的方式，向普通大众介绍自然科学和社会科学知识，推广科学技术的应用，倡导科学方法，传播科学思想，弘扬科学精神的活动。

（二十九）政府举办的从事学历教育的高等、中等和初等学校（不含下属单位），举办进修班、培训班取得的全部归该学校所有的收入。

全部归该学校所有，是指举办进修班、培训班取得的全部收入进入该学校统一账户，并纳入预算全额上缴财政专户管理，同时由该学校对有关票据进行统一管理和开具。

举办进修班、培训班取得的收入进入该学校下属部门自行开设账户的，不予免征增值税。

（三十）政府举办的职业学校设立的主要为在校学生提供实习场所、并由学校出资自办、由学校负责经营管理、经营收入归学校所有的企业，从事《销售服务、无形资产或者不动产注释》中"现代服务"（不含融资租赁服务、广告服务和其他现代服务）、"生活服务"（不含文化体育服务、其他生活服务和桑拿、氧吧）业务活动取得的收入。

（三十一）家政服务企业由员工制家政服务员提供家政服务取得的收入。

家政服务企业，是指在企业营业执照的规定经营范围中包括家政服务内容的企业。

员工制家政服务员，是指同时符合下列 3 个条件的家政服务员：

1. 依法与家政服务企业签订半年及半年以上的劳动合同或者服务协议，且在该企业实际上岗工作。

2. 家政服务企业为其按月足额缴纳了企业所在地人民政府根据国家政策规定的基本养老保险、基本医疗保险、工伤保险、失业保险等社会保险。对已享受新型农村养老保险和新型农村合作医疗等社会保险或者下岗职工原单位继续为其缴纳社会保险的家政服务员，如果本人书面提出不再缴纳企业所在地人民政府根据国家政策规定的相应的社会保险，并出具其所在乡镇或者原单位开具的已缴纳相关保险的证明，可视同家政服务企业已为其按月足额缴纳了相应的社会保险。

3. 家政服务企业通过金融机构向其实际支付不低于企业所在地适用的经省级人民政府批准的最低工资标准的工资。

（三十二）福利彩票、体育彩票的发行收入。

（三十三）军队空余房产租赁收入。

（三十四）为了配合国家住房制度改革，企业、行政事业单位按房改成本价、标准价出售住房取得的收入。

（三十五）将土地使用权转让给农业生产者用于农业生产。

（三十六）涉及家庭财产分割的个人无偿转让不动产、土地使用权。

家庭财产分割，包括下列情形：离婚财产分割；无偿赠予配偶、父母、子女、祖父母、外祖父母、孙子女、外孙子女、兄弟姐妹；无偿赠予对其承担直接抚养或者赡养义务的抚养人或者赡养人；房屋产权所有人死亡，法定继承人、遗嘱继承人或者受遗赠人依法取得房屋产权。

（三十七）土地所有者出让土地使用权和土地使用者将土地使用权归还给土地所有者。

（三十八）县级以上地方人民政府或自然资源行政主管部门出让、转让或收回自然资源使用权（不含土地使用权）。

（三十九）随军家属就业。

1. 为安置随军家属就业而新开办的企业，自领取税务登记证之日起，其提供的应税服务3年内免征增值税。

享受税收优惠政策的企业，随军家属必须占企业总人数的60%

（含）以上，并有军（含）以上政治和后勤机关出具的证明。

2. 从事个体经营的随军家属，自办理税务登记事项之日起，其提供的应税服务 3 年内免征增值税。

随军家属必须有师以上政治机关出具的可以表明其身份的证明。

按照上述规定，每一名随军家属可以享受一次免税政策。

（四十）军队转业干部就业。

1. 从事个体经营的军队转业干部，自领取税务登记证之日起，其提供的应税服务 3 年内免征增值税。

2. 为安置自主择业的军队转业干部就业而新开办的企业，凡安置自主择业的军队转业干部占企业总人数 60%（含）以上的，自领取税务登记证之日起，其提供的应税服务 3 年内免征增值税。

享受上述优惠政策的自主择业的军队转业干部必须持有师以上部队颁发的转业证件。

二、增值税即征即退

（一）一般纳税人提供管道运输服务，对其增值税实际税负超过 3% 的部分实行增值税即征即退政策。

（二）经人民银行、银监会或者商务部批准从事融资租赁业务的试点纳税人中的一般纳税人，提供有形动产融资租赁服务和有形动产融资性售后回租服务，对其增值税实际税负超过 3% 的部分实行增值税即征即退政策。商务部授权的省级商务主管部门和国家经济技术开发区批准的从事融资租赁业务和融资性售后回租业务的试点纳税人中的一般纳税人，2016 年 5 月 1 日后实收资本达到 1.7 亿元的，从达到标准的当月起按照上述规定执行；2016 年 5 月 1 日后实收资本未达到 1.7 亿元但注册资本达到 1.7 亿元的，在 2016 年 7 月 31 日前仍可按照上述规定执行，2016 年 8 月 1 日后开展的有形动产融资租赁业务和有形动产融资性售后回租业务不得按照上述规定执行。

（三）本规定所称增值税实际税负，是指纳税人当期提供应税服务实际缴纳的增值税额占纳税人当期提供应税服务取得的全部价款和价外费用的比例。

三、扣减增值税规定

（一）退役士兵创业就业。

1.对自主就业退役士兵从事个体经营的，在3年内按每户每年8000元为限额依次扣减其当年实际应缴纳的增值税、城市维护建设税、教育费附加、地方教育附加和个人所得税。限额标准最高可上浮20%，各省、自治区、直辖市人民政府可根据本地区实际情况在此幅度内确定具体限额标准，并报财政部和国家税务总局备案。

纳税人年度应缴纳税款小于上述扣减限额的，以其实际缴纳的税款为限；大于上述扣减限额的，应以上述扣减限额为限。纳税人的实际经营期不足一年的，应当以实际月份换算其减免税限额。换算公式为：减免税限额＝年度减免税限额÷12×实际经营月数。

纳税人在享受税收优惠政策的当月，持《中国人民解放军义务兵退出现役证》或《中国人民解放军士官退出现役证》以及税务机关要求的相关材料向主管税务机关备案。

2.对商贸企业、服务型企业、劳动就业服务企业中的加工型企业和街道社区具有加工性质的小型企业实体，在新增加的岗位中，当年新招用自主就业退役士兵，与其签订1年以上期限劳动合同并依法缴纳社会保险费的，在3年内按实际招用人数予以定额依次扣减增值税、城市维护建设税、教育费附加、地方教育附加和企业所得税优惠。定额标准为每人每年4000元，最高可上浮50%，各省、自治区、直辖市人民政府可根据本地区实际情况在此幅度内确定具体定额标准，并报财政部和国家税务总局备案。

本条所称服务型企业是指从事《销售服务、无形资产、不动产注释》中"不动产租赁服务"、"商务辅助服务"（不含货物运输代理和代理报关服务）、"生活服务"（不含文化体育服务）范围内业务活动的企业以及按照《民办非企业单位登记管理暂行条例》（国务院令第251号）登记成立的民办非企业单位。

纳税人按企业招用人数和签订的劳动合同时间核定企业减免税总额，在核定减免税总额内每月依次扣减增值税、城市维护建设税、教育费附加和地方教育附加。纳税人实际应缴纳的增值税、城市维护建设税、教育费附加和地方教育附加小于核定减免税总额的，以实际应缴纳的增值税、城市维护建设税、教育费附加和地方教育附加为限；实际应缴纳的增值税、城市维护建设税、教育费附加和地方教育附加大于核定减免税总额的，以核定减免税总额为限。

纳税年度终了，如果企业实际减免的增值税、城市维护建设税、教育费附加和地方教育附加小于核定的减免税总额，企业在企业所得税汇算清缴时扣减企业所得税。当年扣减不足的，不再结转以后年度扣减。计算公式为：

$$企业减免税总额 = \sum 每名自主就业退役士兵本年度在本企业工作月份 \div 12 \times 定额标准$$

企业自招用自主就业退役士兵的次月起享受税收优惠政策，并于享受税收优惠政策的当月，持下列材料向主管税务机关备案：

（1）新招用自主就业退役士兵的《中国人民解放军义务兵退出现役证》或《中国人民解放军士官退出现役证》。

（2）企业与新招用自主就业退役士兵签订的劳动合同（副本），

企业为职工缴纳的社会保险费记录。

（3）自主就业退役士兵本年度在企业工作时间表。

（4）主管税务机关要求的其他相关材料。

3. 上述所称自主就业退役士兵是指依照《退役士兵安置条例》（国务院、中央军委令第608号）的规定退出现役并按自主就业方式安置的退役士兵。

4. 上述税收优惠政策的执行期限为2016年5月1日至2016年12月31日，纳税人在2016年12月31日未享受满3年的，可继续享受至3年期满为止。

按照《财政部　国家税务总局　民政部关于调整完善扶持自主就业退役士兵创业就业有关税收政策的通知》（财税〔2014〕42号）规定享受营业税优惠政策的纳税人，自2016年5月1日起按照上述规定享受增值税优惠政策，在2016年12月31日未享受满3年的，可继续享受至3年期满为止。

《财政部　国家税务总局关于将铁路运输和邮政业纳入营业税改征增值税试点的通知》（财税〔2013〕106号）附件3第一条第（十二）项城镇退役士兵就业免征增值税政策，自2014年7月1日起停止执行。在2014年6月30日未享受满3年的，可继续享受至3年期满为止。

（二）重点群体创业就业。

1. 对持《就业创业证》（注明"自主创业税收政策"或"毕业年度内自主创业税收政策"）或2015年1月27日前取得的《就业失业登记证》（注明"自主创业税收政策"或附着《高校毕业生自主创业证》）的人员从事个体经营的，在3年内按每户每年8000元为限额依次扣减其当年实际应缴纳的增值税、城市维护建设税、教育费附加、地方教育附加和个人所得税。限额标准最高可上浮20%，各省、自治区、直辖市人民政府可根据本地区实际情况在此幅度内确定具体限额标准，并报财政部和国家税务总局备案。

纳税人年度应缴纳税款小于上述扣减限额的，以其实际缴纳的税款为限；大于上述扣减限额的，应以上述扣减限额为限。

上述人员是指：

（1）在人力资源社会保障部门公共就业服务机构登记失业半年以上的人员。

（2）零就业家庭、享受城市居民最低生活保障家庭劳动年龄内的登记失业人员。

（3）毕业年度内高校毕业生。高校毕业生是指实施高等学历教育的普通高等学校、成人高等学校毕业的学生；毕业年度是指毕业所在自然年，即1月1日至12月31日。

2. 对商贸企业、服务型企业、劳动就业服务企业中的加工型企业和街道社区具有加工性质的小型企业实体，在新增加的岗位中，当年新招用在人力资源社会保障部门公共就业服务机构登记失业半年以上且持《就业创业证》或2015年1月27日前取得的《就业失业登记证》（注明"企业吸纳税收政策"）人员，与其签订1年以上期限劳动合同并依法缴纳社会保险费的，在3年内按实际招用人数予以定额依次扣减增值税、城市维护建设税、教育费附加、地方教育附加和企业所得税优惠。定额标准为每人每年4000元，最高可上浮30%，各省、自治区、直辖市人民政府可根据本地区实际情况在此幅度内确定具体定额标准，并报财政部和国家税务总局备案。

按上述标准计算的税收扣减额应在企业当年实际应缴纳的增值税、城市维护建设税、教育费附加、地方教育附加和企业所得税税额中扣减，当年扣减不足的，不得结转下年使用。

本条所称服务型企业是指从事《销售服务、无形资产、不动产注释》中"不动产租赁服务"、"商务辅助服务"（不含货物运输代理和代理报关服务）、"生活服务"（不含文化体育服务）范围内业务活动的企业以及按照《民办非企业单位登记管理暂行条例》（国务院令第251号）登记成立的民办非企业单位。

3. 享受上述优惠政策的人员按以下规定申领《就业创业证》：

（1）按照《就业服务与就业管理规定》（人力资源和社会保障部令第28号）第六十三条的规定，在法定劳动年龄内，有劳动能力，有就业要求，处于无业状态的城镇常住人员，在公共就业服务机构进行失业登记，申领《就业创业证》。其中，农村进城务工人员和其他非本地户籍人员在常住地稳定就业满6个月的，失业后可以在常住地登记。

（2）零就业家庭凭社区出具的证明，城镇低保家庭凭低保证明，在公共就业服务机构登记失业，申领《就业创业证》。

（3）毕业年度内高校毕业生在校期间凭学生证向公共就业服务机构按规定申领《就业创业证》，或委托所在高校就业指导中心向公共就业服务机构按规定代为其申领《就业创业证》；毕业年度内高校毕业生离校后直接向公共就业服务机构按规定申领《就业创业证》。

（4）上述人员申领相关凭证后，由就业和创业地人力资源社会保障部门对人员范围、就业失业状态、已享受政策情况进行核实，在《就业创业证》上注明"自主创业税收政策""毕业年度内自主创业税收政策"或"企业吸纳税收政策"字样，同时符合自主创业和企业吸纳税收政策条件的，可同时加注；主管税务机关在《就业创业证》上加盖戳记，注明减免税所属时间。

4. 上述税收优惠政策的执行期限为2016年5月1日至2016年

12 月 31 日，纳税人在 2016 年 12 月 31 日未享受满 3 年的，可继续享受至 3 年期满为止。

按照《财政部　国家税务总局　人力资源社会保障部关于继续实施支持和促进重点群体创业就业有关税收政策的通知》（财税〔2014〕39 号）规定享受营业税优惠政策的纳税人，自 2016 年 5 月 1 日起按照上述规定享受增值税优惠政策，在 2016 年 12 月 31 日未享受满 3 年的，可继续享受至 3 年期满为止。

《财政部　国家税务总局关于将铁路运输和邮政业纳入营业税改征增值税试点的通知》（财税〔2013〕106 号）附件 3 第一条第（十三）项失业人员就业增值税优惠政策，自 2014 年 1 月 1 日起停止执行。在 2013 年 12 月 31 日未享受满 3 年的，可继续享受至 3 年期满为止。

四、金融企业发放贷款后，自结息日起 90 天内发生的应收未收利息按现行规定缴纳增值税，自结息日起 90 天后发生的应收未收利息暂不缴纳增值税，待实际收到利息时按规定缴纳增值税。

上述所称金融企业，是指银行（包括国有、集体、股份制、合资、外资银行以及其他所有制形式的银行）、城市信用社、农村信用社、信托投资公司、财务公司。

五、个人将购买不足 2 年的住房对外销售的，按照 5% 的征收率全额缴纳增值税；个人将购买 2 年以上（含 2 年）的住房对外销售的，免征增值税。上述政策适用于北京市、上海市、广州市和深圳市之外的地区。

个人将购买不足 2 年的住房对外销售的，按照 5% 的征收率全额缴纳增值税；个人将购买 2 年以上（含 2 年）的非普通住房对外销售的，以销售收入减去购买住房价款后的差额按照 5% 的征收率缴纳增值税；个人将购买 2 年以上（含 2 年）的普通住房对外销售的，免征增值税。上述政策仅适用于北京市、上海市、广州市和深圳市。

办理免税的具体程序、购买房屋的时间、开具发票、非购买形式取得住房行为及其他相关税收管理规定，按照《国务院办公厅转发建设部等部门关于做好稳定住房价格工作意见的通知》（国办发〔2005〕26 号）、《国家税务总局　财政部　建设部关于加强房地产税收管理的通知》（国税发〔2005〕89 号）和《国家税务总局关于房地产税收政策执行中几个具体问题的通知》（国税发〔2005〕172 号）的有关规定执行。

六、上述增值税优惠政策除已规定期限的项目和第五条政策外，其他均在营改增试点期间执行。如果试点纳税人在纳入营改增试点之日前已经按照有关政策规定享受了营业税税收优惠，在剩余税收优惠政策期限内，按照本规定享受有关增值税优惠。

附件 4：

跨境应税行为适用增值税零税率和免税政策的规定

一、中华人民共和国境内（以下称境内）的单位和个人销售的下列服务和无形资产，适用增值税零税率：

（一）国际运输服务。

国际运输服务，是指：

1. 在境内载运旅客或者货物出境。

2. 在境外载运旅客或者货物入境。

3. 在境外载运旅客或者货物。

（二）航天运输服务。

（三）向境外单位提供的完全在境外消费的下列服务：

1. 研发服务。

2. 合同能源管理服务。

3. 设计服务。

4. 广播影视节目（作品）的制作和发行服务。

5. 软件服务。

6. 电路设计及测试服务。

7. 信息系统服务。

8. 业务流程管理服务。

9. 离岸服务外包业务。

离岸服务外包业务，包括信息技术外包服务（ITO）、技术性业务流程外包服务（BPO）、技术性知识流程外包服务（KPO），其所涉及的具体业务活动，按照《销售服务、无形资产、不动产注释》

相对应的业务活动执行。

10. 转让技术。

（四）财政部和国家税务总局规定的其他服务。

二、境内的单位和个人销售的下列服务和无形资产免征增值税，但财政部和国家税务总局规定适用增值税零税率的除外：

（一）下列服务：

1. 工程项目在境外的建筑服务。

2. 工程项目在境外的工程监理服务。

3. 工程、矿产资源在境外的工程勘察勘探服务。

4. 会议展览地点在境外的会议展览服务。

5. 存储地点在境外的仓储服务。

6. 标的物在境外使用的有形动产租赁服务。

7. 在境外提供的广播影视节目（作品）的播映服务。

8. 在境外提供的文化体育服务、教育医疗服务、旅游服务。

（二）为出口货物提供的邮政服务、收派服务、保险服务。

为出口货物提供的保险服务，包括出口货物保险和出口信用保险。

（三）向境外单位提供的完全在境外消费的下列服务和无形资产：

1. 电信服务。

2. 知识产权服务。

3. 物流辅助服务（仓储服务、收派服务除外）。

4. 鉴证咨询服务。

5. 专业技术服务。

6. 商务辅助服务。

7. 广告投放地在境外的广告服务。

8. 无形资产。

（四）以无运输工具承运方式提供的国际运输服务。

（五）为境外单位之间的货币资金融通及其他金融业务提供的直接收费金融服务，且该服务与境内的货物、无形资产和不动产无关。

（六）财政部和国家税务总局规定的其他服务。

三、按照国家有关规定应取得相关资质的国际运输服务项目，纳税人取得相关资质的，适用增值税零税率政策，未取得的，适用增值税免税政策。

境内的单位或个人提供程租服务，如果租赁的交通工具用于国际运输服务和港澳台运输服务，由出租方按规定申请适用增值税零税率。

境内的单位或个人向境内单位或个人提供期租、湿租服务，如果承租方利用租赁的交通工具向其他单位或个人提供国际运输服务和港澳台运输服务，由承租方适用增值税零税率。境内的单位或个人向境外单位或个人提供期租、湿租服务，由出租方适用增值税零税率。

境内单位或个人以无运输工具承运方式提供的国际运输服务，由境内实际承运人适用增值税零税率；无运输工具承运业务的经营者适用增值税免税政策。

四、境内的单位和个人提供适用增值税零税率的服务或者无形资产，如果属于适用简易计税方法的，实行免征增值税办法。如果属于适用增值税一般计税方法的，生产企业实行免抵退税办法，外贸企业外购服务或者无形资产出口实行免退税办法，外贸企业直接将服务或自行研发的无形资产出口，视同生产企业连同其出口货物统一实行免抵退税办法。

　　服务和无形资产的退税率为其按照《试点实施办法》第十五条第（一）至（三）项规定适用的增值税税率。实行退（免）税办法的服务和无形资产，如果主管税务机关认定出口价格偏高的，有权按照核定的出口价格计算退（免）税，核定的出口价格低于外贸企业购进价格的，低于部分对应的进项税额不予退税，转入成本。

　　五、境内的单位和个人销售适用增值税零税率的服务或无形资产的，可以放弃适用增值税零税率，选择免税或按规定缴纳增值税。放弃适用增值税零税率后，36个月内不得再申请适用增值税零税率。

　　六、境内的单位和个人销售适用增值税零税率的服务或无形资产，按月向主管退税的税务机关申报办理增值税退（免）税手续。具体管理办法由国家税务总局商财政部另行制定。

　　七、本规定所称完全在境外消费，是指：

　　（一）服务的实际接受方在境外，且与境内的货物和不动产无关。

　　（二）无形资产完全在境外使用，且与境内的货物和不动产无关。

　　（三）财政部和国家税务总局规定的其他情形。

　　八、境内单位和个人发生的与香港、澳门、台湾有关的应税行为，除本文另有规定外，参照上述规定执行。

　　九、2016年4月30日前签订的合同，符合《财政部　国家税务总局关于将铁路运输和邮政业纳入营业税改征增值税试点的通知》（财税〔2013〕106号）附件4和《财政部　国家税务总局关于影视等出口服务适用增值税零税率政策的通知》（财税〔2015〕118号）规定的零税率或者免税政策条件的，在合同到期前可以继续享受零税率或者免税政策。

关于明确金融 房地产开发
教育辅助服务等增值税政策的通知

财税〔2016〕140号

各省、自治区、直辖市、计划单列市财政厅（局）、国家税务局，地方税务局，新疆生产建设兵团财务局：

现将营改增试点期间有关金融、房地产开发、教育辅助服务等政策补充通知如下：

一、《销售服务、无形资产、不动产注释》（财税〔2016〕36号）第一条第（五）项第1点所称"保本收益、报酬、资金占用费、补偿金"，是指合同中明确承诺到期本金可全部收回的投资收益。金融商品持有期间（含到期）取得的非保本的上述收益，不属于利息或利息性质的收入，不征收增值税。

二、纳税人购入基金、信托、理财产品等各

类资产管理产品持有至到期，不属于《销售服务、无形资产、不动产注释》（财税〔2016〕36号）第一条第（五）项第 4 点所称的金融商品转让。

三、证券公司、保险公司、金融租赁公司、证券基金管理公司、证券投资基金以及其他经人民银行、银监会、证监会、保监会批准成立且经营金融保险业务的机构发放贷款后，自结息日起90 天内发生的应收未收利息按现行规定缴纳增值税，自结息日起 90 天后发生的应收未收利息暂不缴纳增值税，待实际收到利息时按规定缴纳增值税。

四、资管产品运营过程中发生的增值税应税行为，以资管产品管理人为增值税纳税人。

五、纳税人 2016 年 1～4 月份转让金融商品出现的负差，可结转下一纳税期，与 2016 年 5～12 月份转让金融商品销售额相抵。

六、《财政部　国家税务总局关于全面推开营业税改征增值税试点的通知》（财税〔2016〕36 号）所称"人民银行、银监会或者商务部批准"、"商务部授权的省级商务主管部门和国家经济技术开发区批准"从事融资租赁业务（含融资性售后回租业务）的试点纳税人（含试点纳税人中的一般纳税人），包括经上述部门备案从事融资租赁业务的试点纳税人。

七、《营业税改征增值税试点有关事项的规定》（财税〔2016〕36号）第一条第（三）项第10点中"向政府部门支付的土地价款"，包括土地受让人向政府部门支付的征地和拆迁补偿费用、土地前期开发费用和土地出让收益等。

房地产开发企业中的一般纳税人销售其开发的房地产项目（选择简易计税方法的房地产老项目除外），在取得土地时向其他单位或个人支付的拆迁补偿费用也允许在计算销售额时扣除。纳税人按上述规定扣除拆迁补偿费用时，应提供拆迁协议、拆迁双方支付和取得拆迁补偿费用凭证等能够证明拆迁补偿费用真实性的材料。

八、房地产开发企业（包括多个房地产开发企业组成的联合体）受让土地向政府部门支付土地价款后，设立项目公司对该受让土地进行开发，同时符合下列条件的，可由项目公司按规定扣除房地产开发企业向政府部门支付的土地价款。

（一）房地产开发企业、项目公司、政府部门三方签订变更协议或补充合同，将土地受让人变更为项目公司；

（二）政府部门出让土地的用途、规划等条件不变的情况下，签署变更协议或补充合同时，土地价款总额不变；

（三）项目公司的全部股权由受让土地的房地产开发企业持有。

九、提供餐饮服务的纳税人销售的外卖食品，按照"餐饮服务"缴纳增值税。

十、宾馆、旅馆、旅社、度假村和其他经营性住宿场所提供会议场地及配套服务的活动，按照"会议展览服务"缴纳增值税。

十一、纳税人在游览场所经营索道、摆渡车、电瓶车、游船等取得的收入，按照"文化体育服务"缴纳增值税。

十二、非企业性单位中的一般纳税人提供的研发和技术服务、信息技术服务、鉴证咨询服务，以及销售技术、著作权等无形资产，可以选择简易计税方法按照3%征收率计算缴纳增值税。

非企业性单位中的一般纳税人提供《营业税改征增值税试点过渡政策的规定》（财税〔2016〕36号）第一条第（二十六）项中的"技术转让、技术开发和与之相关的技术咨询、技术服务"，可以参照上述规定，选择简易计税方法按照3%征收率计算缴纳增值税。

十三、一般纳税人提供教育辅助服务，可以选择简易计税方法按照 3% 征收率计算缴纳增值税。

十四、纳税人提供武装守护押运服务，按照"安全保护服务"缴纳增值税。

十五、物业服务企业为业主提供的装修服务，按照"建筑服务"缴纳增值税。

十六、纳税人将建筑施工设备出租给他人使用并配备操作人员的，按照"建筑服务"缴纳增值税。

十七、自 2017 年 1 月 1 日起，生产企业销售自产的海洋工程结构物，或者融资租赁企业及其设立的项目子公司、金融租赁公司及其设立的项目子公司购买并以融资租赁方式出租的国内生产企业生产的海洋工程结构物，应按规定缴纳增值税，不再适用《财政部　国家税务总局关于出口货物劳务增值税和消费税政策的通知》（财税〔2012〕39 号）或者《财政部　国家税务总局关于在全国开展融资租赁货物出口退税政策试点的通知》（财税〔2014〕62 号）规定的增值税出口退税政策，但购买方或者承租方为按实物征收增值税的中外合作油（气）田开采企业的除外。

2017 年 1 月 1 日前签订的海洋工程结构物销

售合同或者融资租赁合同，在合同到期前，可继续按现行相关出口退税政策执行。

十八、本通知除第十七条规定的政策外，其他均自 2016 年 5 月 1 日起执行。此前已征的应予免征或不征的增值税，可抵减纳税人以后月份应缴纳的增值税。

财政部　国家税务总局

2016 年 12 月 21 日

关于资管产品增值税政策有关
问题的补充通知

财税〔2017〕2 号

各省、自治区、直辖市、计划单列市财政厅（局）、国家税务局，地方税务局，新疆生产建设兵团财务局：

现就《财政部　国家税务总局关于明确金融房地产开发　教育辅助服务等增值税政策的通知》（财税〔2016〕140 号）第四条规定的"资管产品运营过程中发生的增值税应税行为，以资管产品管理人为增值税纳税人"问题补充通知如下：

2017 年 7 月 1 日（含）以后，资管产品运营过程中发生的增值税应税行为，以资管产品管理人为增值税纳税人，按照现行规定缴纳增值税。

对资管产品在 2017 年 7 月 1 日前运营过程中

发生的增值税应税行为，未缴纳增值税的，不再缴纳；已缴纳增值税的，已纳税额从资管产品管理人以后月份的增值税应纳税额中抵减。

资管产品运营过程中发生增值税应税行为的具体征收管理办法，由国家税务总局另行制定。

财政部　国家税务总局

2017 年 1 月 6 日

中国银监会办公厅关于规范银行业金融机构信贷资产收益权转让业务的通知

银监办发〔2016〕82号

各银监局，各政策性银行、大型银行、股份制银行，邮储银行，外资银行，金融资产管理公司，其他会管金融机构，银行业信贷资产登记流转中心：

近年来，银行业金融机构开展信贷资产收益权转让业务，对进一步盘活信贷存量、加快资金周转发挥了积极作用，但部分业务存在交易结构不规范不透明，会计处理和资本、拨备计提不审慎等问题。为促进信贷资产收益权转让业务健康有序发展，现就有关事项通知如下：

一、信贷资产收益权转让应当遵守"报备办法、报告产品和登记交易"相关要求

（一）报备办法。银行业金融机构应当制定

信贷资产收益权转让业务管理制度；银行业信贷资产登记流转中心（以下简称银登中心）应当根据银监会相关要求，制定并发布信贷资产收益权转让业务规则和操作流程，并及时报送银监会备案。

（二）报告产品。银登中心应当根据银监会相关要求，制定并发布产品报告流程和备案审核要求；银行业金融机构应当向银登中心逐笔报送产品相关信息。

（三）登记交易。出让方银行应当依照《中国银监会办公厅关于银行业信贷资产流转集中登记的通知》（银监办发〔2015〕108号）相关规定，及时在银登中心办理信贷资产收益权转让集中登记。

二、信贷资产收益权转让应当依法合规开展，有效防范风险

（一）出让方银行应当根据《商业银行资本管理办法（试行）》，在信贷资产收益权转让后按照原信贷资产全额计提资本。

（二）出让方银行应当按照《企业会计准则》对信贷资产收益权转让业务进行会计核算和账务处理。开展不良资产收益权转让的，在继续涉入情形下，计算不良贷款余额、不良贷款比例

和拨备覆盖率等指标时，出让方银行应当将继续
涉入部分计入不良贷款统计口径。

（三）出让方银行应当根据《商业银行贷款
损失准备管理办法》、《银行贷款损失准备计提
指引》和《金融企业准备金计提管理办法》等
相关规定，按照会计处理和风险实际承担情况
计提拨备。

（四）出让方银行不得通过本行理财资金直
接或间接投资本行信贷资产收益权，不得以任何
方式承担显性或者隐性回购义务。

（五）信贷资产收益权的投资者应当持续满
足监管部门关于合格投资者的相关要求。不良资
产收益权的投资者限于合格机构投资者，个人投
资者参与认购的银行理财产品、信托计划和资产
管理计划不得投资；对机构投资者资金来源应当
实行穿透原则，不得通过嵌套等方式直接或变相
引入个人投资者资金。

（六）出让方银行和其他相关交易主体应当
审慎评估信贷资产质量和风险，按照市场化原则
合理定价，必要时委托会计师事务所、律师事务
所、评级机构、估值机构等独立第三方机构，对
相关业务环节出具专业意见。

（七）出让方银行和其他相关交易主体应当

按照有关要求，向投资者及时、准确、完整披露拟转让收益权的信贷资产相关情况，并及时披露对投资者权益或投资收益等产生重大影响的突发事件。

（八）符合上述规定的合格投资者认购的银行理财产品投资信贷资产收益权，按本通知要求在银登中心完成转让和集中登记的，相关资产不计入非标准化债权资产统计，在全国银行业理财信息登记系统中单独列示。

三、银登中心应当加强市场监督，并及时报告重要情况

（一）开展业务产品备案审核。审核内容包括但不限于资产构成、交易结构、投资者适当性、信息披露和风险管控措施等。

（二）加强市场基础设施建设。完善信贷资产收益权转让相关平台功能，加强软硬件设施建设，保障系统运行的稳定性和连续性。

（三）及时报告重要情况。定期向银监会报告信贷资产收益权转让产品备案、登记转让信息和相关统计分析报告。发生重大突发事件时，应当及时向银监会报告。

四、银行业监督管理机构对银行业金融机构的信贷资产收益权转让业务实施监督管理，必

要时根据《中华人民共和国银行业监督管理法》
等法律法规，采取相关监管措施或者实施行政
处罚。

中国银行业监督管理委员会办公厅

2016 年 4 月 27 日

图书在版编目（CIP）数据

中国银行业理财业务发展报告：2017 版／中国银行
业协会理财业务专业委员会编. －－北京：社会科学文献
出版社，2018.1
ISBN 978 - 7 - 5201 - 1583 - 4

Ⅰ.①中…　Ⅱ.①中…　Ⅲ.①银行业务 - 研究报告 -
中国 - 2017　Ⅳ.①F832.2

中国版本图书馆 CIP 数据核字（2017）第 250268 号

中国银行业理财业务发展报告（2017 版）

编　　者／中国银行业协会理财业务专业委员会

出 版 人／谢寿光
项目统筹／杜文婕
责任编辑／周雪林

出　　版／社会科学文献出版社·区域与发展出版中心（010）59367143
　　　　　地址：北京市北三环中路甲 29 号院华龙大厦　邮编：100029
　　　　　网址：www. ssap. com. cn
发　　行／市场营销中心（010）59367081　59367018
印　　装／三河市尚艺印装有限公司

规　　格／开本：787mm × 1092mm　1/16
　　　　　印张：12.75　字数：153 千字
版　　次／2018 年 1 月第 1 版　2018 年 1 月第 1 次印刷
书　　号／ISBN 978 - 7 - 5201 - 1583 - 4
定　　价／68.00 元

本书如有印装质量问题，请与读者服务中心（010 - 59367028）联系

▲▲ 版权所有 翻印必究